Poesía bonita y que se entiende 2

Poesía bonita y que se entiende 2

Nueva antología comentada
de poesía actual

MARESÍA

{Pie de Página}

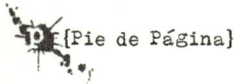
{Pie de Página}

Título original: *Poesía bonita y que se entiende 2. Nueva antología comentada de poesía actual*
Primera edición, 2024

© VV. AA.
© Diseño de cubierta: José Miguel Rodríguez Montoya
© Diseño y maquetación de interior: Marta Vega

Depósito legal: M-5051-2024
ISBN: 978-84-127158-7-3

Impreso de forma cariñosa en España.

Índice

Prólogo

JUAN ROMEU

Tengo el gusto de poder presentar la segunda antología de poesía bonita y que se entiende de Maresía. El mero hecho de que sea una nueva publicación ya supone, naturalmente, una enorme alegría, pero en este caso quizá lo es aún más por todo lo que implica.

Por un lado, llegar a este segundo volumen de la antología significa que Maresía sigue en marcha, lo que en estos tiempos no es poca cosa para una colección pequeña perteneciente a una editorial independiente como es {Pie de Página}. Pero no es solo eso, lo mejor es que tenemos cada vez más gente interesada en publicar con nosotros y en leer nuestros libros. Esto significa a su vez que esa idea de «poesía bonita y que se entiende»[1] ha

---

1 En relación con este concepto, José Fernández del Cacho (el padre Cacho), uno de nuestros autores —de hecho, el único que repite—, recoge en *En la nariz he salido a Dios. Recordando a Gloria Fuertes* esta reflexión de la inolvidable escritora y amiga suya (que, entre otras cosas, le llamaba José «cachito» de cielo): «A algunos poetas les

gustado y está teniendo efecto: hemos conseguido que aumente el número de personas que se acercan a la poesía, el principal objetivo de la colección.

Solo por estas palabras que recibimos de una usuaria de Instagram merecería la pena seguir eternamente:

> Buenos días, me llamo XXXX. No leía poesía porque no la entendía y no me atraía. Hace poco tiempo, por necesidad emocional, empecé a leer algunos poemas. En la búsqueda de "qué leer" me encontré con un título tan sugerente como "poesía bonita y que se entiende". Me lo anoté y lo compré en la Feria del Libro de Madrid. La expectativa creada simplemente con el nombre del libro ha sido superada con creces. He disfrutado de cada una de las páginas del libro. Desde el nombre de la editorial, Maresía, precioso y evocador; el prólogo, que he releído muchas veces (es la primera vez que releo el prólogo de un libro y que me gusta tanto), con ese comienzo tan impactante "hay que leer poesía..." y ese contenido tan natural y directo; la colección de poemas, por supuesto, donde destaco, por el impacto que me causaron, los de Beatriz Minaya (conquense, como yo); la forma de presentar los poemas, con los comentarios de autor/a y editor (esta experiencia de contrastar lo que me ha "provocado" con la razón de su escritura y el comentario de quien lo ha elegido desde una óptica experta me ha encantado!!!!!!!); y, para finalizar, la referencia a autores de tu entorno familiar, tan intimista, y a

---

pasa lo que a los niños de un año, que son muy buenos, pero no se les entiende nada... Hoy más que nunca el poeta debe escribir claro, para todo el mundo, que se les entienda».

los cuentos, que considero lectura básica no solo para niños (uno de los problemas adultos es que dejamos de leerlos).

GRACIAS

GRACIAS y ENHORABUENA por este libro.

Espero algún otro en esta misma línea y cualquier otra sorpresa, ya que me quedo aquí como seguidora.

Si ya al preparar la primera antología, publicada en febrero de 2023, me sorprendió lo relativamente fácil que me había resultado encontrar grandes poetas[2] que, generalmente, no habían publicado aún, en esta la sorpresa se produjo al ver que autores más conocidos que sí que habían publicado nos enviaban sus poemas. Por poner algunos ejemplos: Amanda Plaza tiene dos poemarios publicados en Valparaíso, Míriam de los Ríos otro también en esa editorial, Álvaro Macías Rondán dos en Ediciones en Huida, Aurora H. Camero uno en La Be-

---

2   Lo que se ha demostrado en que posteriormente muchos han publicado o van a publicar obras propias de gran calidad: algunos en nuestra colección —como Valle Mozas (que llegó a estar en las listas de más vendidos con *El comienzo*), Mario Díaz, Beatriz Minaya, Natalia Peralta o Pilar Roig— y otros en otras editoriales (por ejemplo, Paula Aparicio Cejudo) Y Lidia Juárez va a publicar incluso una novela, *Delirio*, en la editorial Distrito 93 a lo largo de 2024.

lla Varsovia (accésit en el I Premio Ana Santos Payán), Paula Sánchez Santiago (quien además fue finalista del Premio Adonáis en 2023) uno en Huerga & Fierro y Javier Vayá Albert varios en El Petit Editor o en Altolibros. Además, muchos han aparecido ya en otras antologías.

Esta buena acogida me ha hecho tener que cambiar el subtítulo de la obra, que ha pasado de *Antología comentada de poesía actual inédita y desconocida* a *Nueva antología comentada de poesía actual*, perdiendo el *desconocida*. Aunque también he suprimido *inédita*, no se pierde la idea de preantología que ya tenía la anterior, es decir, el hecho de que sea una selección de poemas que aún no han sido publicados, a diferencia de otras antologías en las que se seleccionan poemas que sí aparecen en poemarios ya existentes.

Lo que sí se mantiene es lo de *comentada*. Y es que, alentado por reacciones como la anteriormente citada de Instagram y desoyendo algunas críticas (como que si ya se entienden los poemas para qué los comentamos), he considerado totalmente oportuno mantener el sistema de comentario del autor —en el que da alguna orientación sobre el poema (por qué lo escribió, qué quiso decir, en qué se inspiró…)— y comentario mío —en el que justifico la elección del poema—. Últimamente he estado leyendo muchas antologías y en la mayoría he echado de menos unas palabras del antólogo explicando en cada poema qué vio en él para incluirlo. Creo que soltar los poemas sin más contribuye a que se pierdan muchos lectores que podrían estar muy interesados con una pequeña ayuda.[3]

Además, fiel a la tradición, he querido añadir al final del libro algunos textos en prosa, nuevamente con el fin de mostrar que la poesía trasciende el verso y se puede encontrar en otros lugares. Así lo expresó Mario Díaz en un tuit de promoción de su poemario *Manta eléctrica* (Maresía, 2023): «Mucha gente me dice "es que no soy muy de poesía". La poesía está en mí, en ti y en todas partes. No es un género elitista ni tampoco aburrido. Solo hay que mirar en tu interior». Y así lo explica don Versito en *Los espejos de la palabra* (Editorial CCS, 2006) del padre Cacho:

> —Poesía es algo más, mucho más, de lo que yo he escrito en mis libros. Poesía es la paz y el amor que brotan de la quietud mental; es la mirada de corazón a corazón; es la placidez con que una hoja se dirige de la rama a la tierra; es el abrazo que une dos almas; es la infinita ternura del beso de una madre;

---

3 En nuestra web (maresiapdp.com) se incluye un artículo de Mariángeles García con declaraciones mías en las que explico más ampliamente por qué creemos conveniente que incluso la poesía bonita y que se entiende lleve comentarios.

es un canto de libertad... Cada día, si uno se da cuenta de ello, encierra miles de estos versos. Si acertáis a leerlos, os felicito porque vuestro corazón mantiene abiertas sus puertas a la sensibilidad. Solo así, creedme, podréis manteneros jóvenes, creativos y colmados de entusiasmo.

En fin, creo que estamos ante otra buena aproximación a la poesía, ideal para todos aquellos que quieren introducirse en ella (tranquilos, no hace falta haberse leído la primera parte, aunque es muy recomendable), pero también para todos los que quieran seguir disfrutándola y descubriendo los maravillosos autores de poesía bonita y que se entiende que existen en la actualidad. Esperamos haber acertado y seguir haciendo que crezca el número de lectores de poesía, pues, como también dice Mario Díaz, «la poesía es una terapia que todos deberíamos practicar».

1

y la cometa es tu mundo (y el mío)

José María Castellano Martínez

José María Castellano Martínez (Córdoba, 1987) es profesor e investigador en el área de Traducción e Interpretación de la Universidad de Córdoba. Su inspiración poética toma fuerza tras experimentar la paternidad y redescubrir el amor, la finitud de lo humano o la muerte, y con esto la trascendencia de la palabra poética en el Otro. Cuando necesita escribir, suele imaginarse por las nubes, en alguna que otra isla griega y en el universo de los patios cordobeses.

La cometa

Y de repente la cometa
alza sus alas y tirabuzones
vuela y se eleva con el aire
y tu sonrisa paralela a ella.

Tras tus pasitos, tus plumas
colorean de verde mar
azul cielo, amarillo limón
y la cometa es tu mundo (y el mío).

Sopla y, con tu espíritu, vuela
hasta donde los astros flotan
allá donde escondemos nuestros
sueños y el tiempo nos aguarda.

Entonces, la cometa será fugaz
como con ella lo fue tu juego
solo quedará su invisible fuerza
en mi recuerdo, tu estrella.

Comentario del autor

Mañana de domingo, un paseo con mi marido y mi hijo. La aventura consistió en hacer volar una cometa que representaba una mariposa rosa, grande con colores y tirabuzones. Le dimos a nuestro hijo las cuerdas y el viento hizo su trabajo. La esencia del poema surgió en el instante en el que me percaté por primera vez de que mi niño tomaba las *riendas* de su vida, maravillado al ver cómo subía y bajaba la mariposa mientras intentaba controlar su vuelo. Nosotros, sus padres, tras él a una distancia prudente. Fue ese momento el que me inspiró para escribir «La cometa».

Mi hijo descubrió el vuelo de la cometa esa mañana de domingo. La cometa se sometió al poder del viento y nosotros presenciábamos el espectáculo. La mariposa arriba y abajo, pero todos sabemos que al final las cometas caen y vuelven a nuestras manos. Qué ilusión más bella la de creer hacer volar algo con tan solo desearlo. Cuando el viento no era favorable, mi niño soplaba fuerte, como si fuera un dios capaz de hacer volar su mariposa. Y de nuevo hasta el cielo, hasta el sol y la luna —hasta donde los astros flotan—, esto es, hasta el infinito. En esos vaivenes mi hijo fue feliz, sonreía boquiabierto con su fantasía. Yo, en la retaguardia de su camino, mero testigo de su felicidad: «y la cometa es tu mundo (y el mío)». Los padres contemplamos el crecimiento, las idas y venidas de nuestros hijos e hijas, sus vidas en definitiva.

Necesitaba conservar este recuerdo y lo transformé en poesía. Justo ese instante, el vuelo de la cometa, su sonrisa y su mirada, el cielo azul… Mi corazón escurrió una lágrima de esas que son invisibles. Me hice ausente, invisible, solo testigo.

La paternidad es una carrera de fondo, un aprendizaje emocional *in situ* que te llena de contradicciones emocionales. Soy consciente de que el vuelo de la cometa fue *fugaz*, porque ya sé que llegará un tiempo futuro en el que no quedará más que el recuerdo (mío) de ese domingo. Este poema será una pequeña estrella, la nuestra, visible en el firmamento de la poesía.

COMENTARIO DEL EDITOR: ¿POR QUÉ ESTÁ ESTE POEMA EN LA ANTOLOGÍA?

Solo por la imagen de la sonrisa de un niño paralela al vuelo de una cometa este poema ya merecía estar en esta antología. Pero hay mucho más. La cometa y la sonrisa vuelan y se escapan para cumplir las ilusiones. El padre ve así cómo el hijo busca sus sueños y, aunque eso suponga separarse y perderlo de vista hasta que se convierte en una estrella, un punto en el cielo, la fuerza del recuerdo compensa. Y más cuando no es solo el viento el que mueve la cometa, sino el niño soplando cuando ve que esta puede caer (preciosa forma de mostrar que los sueños hay que trabajárselos).

Me agrada el poema, además, porque yo siempre he comparado las relaciones con las personas con una cometa, en concreto la de un amigo que se enamora: hay que dejarle que vuele alto, pero siempre con la cuerda agarrada para que no se pierda por los aires. Con un hijo es parecido; siempre procurando que la cuerda sea lo suficientemente larga para que pueda alcanzar sus sueños.

Un gran mérito del poema es conseguir que algo *a priori* triste como es el paso del tiempo, la fugacidad de los momentos felices, se vea como algo alegre, colorido, inolvidable.

José María Castellano Martínez

PLAN B

Hagamos un trato:
seré siempre tu Plan B
cuando olvides la mochila
la cabeza o tus alas
de algodón.

Cuando juguemos en la alfombra
voladora
y no encuentres esa pieza
perdida.

Seré siempre, si quieres,
tu Plan B
tu manta y almohada
tu nube en el mar
tu isla en el cielo
tu País por Siempre Jamás.

Tu barco entre montañas
tu castillo embrujado

tu casa de caramelo
tu tren fantasma
tu sable
de luz
seré.

Y cuando olvides esto
seré siempre tu Plan B
o C o D
tras de ti
estaré.

Comentario del autor

Este poema, al igual que el anterior, surge en una época de paternidad muy intensa y emocional. Una mañana cualquiera, mi hijo olvidó su merienda de media mañana en el trastero de casa. Mi marido y yo llegamos a la escuela y nos percatamos de que se le había olvidado. Un despiste cuya consecuencia fue quedarse sin merienda, lo cual le reprochamos: «¿Y ahora qué hacemos?».

Ante la reprimenda, su maestra a lo lejos y en alto nos dijo: «¡Papás! Pero siempre hay un plan B. El plan B somos los padres». ¡Oh! ¡Menuda lección! De nuevo, las contradicciones entre la teoría, la práctica y el sentimiento de cómo educar... Volvimos a casa antes de ir al trabajo, recuperamos la merienda y en el trayecto de regreso tuve claro que debía hacer de esto un poema: nosotros seremos siempre el Plan B «cuando olvides la mochila», pensé...

El poema recupera imágenes de juegos, cuentos y otros mundos compartidos entre él y nosotros, algunos entre él y yo. Seré manta y almohada para que descanse, y nube en el mar o isla en el cielo (lo contrario, lo imposible si fuera preciso). Si algún día se cree niño perdido, seré su País por Siempre Jamás, es decir, eternamente. Aquí me encontrará, como los árboles, en el mismo sitio de siempre.

El final pretende sellar ese trato de algún modo, pues, incluso si pierdo la posición de ser plan B, no me importaría ser el plan C o D (tras de él, estaré).

COMENTARIO DEL EDITOR: ¿POR QUÉ ESTÁ ESTE POEMA EN LA ANTOLOGÍA?

En la línea del anterior poema, el padre le dice al hijo que es su plan B, es decir, su plan alternativo. El hijo tiene que volar y, solo cuando lo necesite, volver al padre, ya sea de pequeño porque ha olvidado la mochila o las alas de algodón —esas que se pierden cuando la vida parece demostrar que es mejor no ser ángeles, que los buenos siempre fracasan— o de mayor. Un padre puede estar siempre ahí para cuando se pierda la ilusión, cuando se olvide lo dulce, los cuentos (que en este caso no tendrán el País de Nunca Jamás de Peter Pan, sino el de por Siempre Jamás, porque el padre siempre estará).

Es difícil a veces entender el rol de plan B de los padres, tanto porque algunos no quieren ser un plan para los hijos como porque algunos quieren ser el A. Yo veo también la figura del padre como un árbitro, que debe estar ahí por si hay que pitar algo, pero en general no debe interferir en el juego. Con calidez y mucha ternura el poema nos hace ver que aceptar ser el plan B es un camino muy recomendable, además de una imagen poética muy valiosa.

JOSÉ MARÍA CASTELLANO MARTÍNEZ

2

después de ti
la tempestad más inmensa será mínima

MALENA ULCINA CABELLO

MALENA ULCINA CABELLO, nacida el 26 de mayo del 2000 en Zaragoza, es graduada en Traducción e Interpretación y máster en Estudios de Traducción por la Universidad Pompeu Fabra. Empezó a escribir poemas de amor en su adolescencia, y el crecimiento personal ha influido en su creación poética, ya que ahora escribe sobre el amor, pero también sobre la vida, la muerte, el espacio, el paisaje y la propia creación poética.

Después de ti

Después de ti no hay nadie,
y antes solo hubo gotas
de una llovizna que en cinco minutos cesó
y tuve que seguir regando los campos
con agua impuesta en el paisaje
por canales y acequias

y luego llegué hasta ti
que eras una lluvia densa y duradera
en el tiempo y regaste mi siembra
y también fuiste tormenta
y echaste a perder algunos de mis frutos
y hubo rayos y truenos

luego amainaste y volviste a ser el agua
que necesitan mis hojas y mis raíces y
después de ti
la tempestad más inmensa será mínima.

Comentario de la autora

Este poema se presenta como una alegoría del amor representada por el agua. En el primer párrafo, encontramos un amor por goteo, que no te llena, con el que siempre te falta algo. Por ello, el yo poético recurre al agua de otros sitios.

En el segundo párrafo observamos cómo se encuentra a la persona correcta. Aquella persona que es generosa como la lluvia densa y prolongada en el tiempo. Aunque, como es evidente, una tormenta puede hacer estragos. Y nuestra persona correcta en un momento dado también nos puede hacer daño: «también fuiste tormenta / y echaste a perder...».

Finalmente, se recurre al tópico «después de la tormenta llega la calma» y este poema se resuelve como un final feliz, puesto que todo acaba de la mejor manera posible.

Comentario del editor: ¿por qué está este poema en la antología?

Pese a caer en la típica comparación del amor con la lluvia, este poema tiene algunos aspectos que me llamaron ya mucho la atención cuando lo leí por primera vez.

Malena Ulcina Cabello

Por un lado, destaca esa necesidad de agua, de sentir el amor. Uno mismo puede ser el que riega sin necesidad de lluvia, pero, claramente, siempre es mejor cuando llega la lluvia, esa «lluvia densa y duradera» que se refleja muy bien en el poema con la rima en «é-a» («densa», «duradera», «siembra», «tormenta») que se mantiene hasta que llegan los rayos y truenos y echan a perder los frutos y la rima. La rima solo vuelve después con ese encabalgamiento de «y / después de ti» que representa cómo se llega a lo adecuado. Esas íes, junto con las de «mínima», son pequeñas gotas de agua ya.

Por otro lado, sorprende el hecho de dirigirse como *tú* a dos personas distintas (o quizá a una misma persona en distintas fases, lo cual sería igualmente valioso). Así, se reduce la persona amada a *tú*, sea quien sea, a la manera de Pedro Salinas o Jorge Guillén. Y así no importa que parezca que «después de ti no hay nadie», porque ese *ti* puede referirse a distintas personas, como se ve después cuando a «después de ti» le sigue «la tempestad más inmensa será mínima».

Por último, no sé si será la repetición de las eses (que hacen que parezca que se están pisando charcos) o la abundancia de términos relacionados con el agua, pero este pequeño recorrido por la historia de los amores (versión reducida de «Canción de otoño en primavera» de Rubén Darío) cala, y lo hace en todos los sentidos. Eso sí, dejando al final una placentera sensación, como para el que, secándose en la hoguera después del chaparrón, sabe que está preparado para cualquier otro.

MIÉNTEME

Miénteme cuando pregunte si me quieres;
cuando en la madrugada me acurruque
en tu costado miénteme y abrázame
como si me quisieras.

Toma todo lo que puedo ofrecerte
y llévalo contigo allá donde yo
no pueda verlo. Destrózalo, hazlo añicos,
pero miénteme cuando vuelvas.

Miénteme durante una eternidad,
hasta que parezca que tú
también te lo crees y hasta que sientas

que tienes que seguir mintiendo toda la vida
para que yo no me vaya:
miénteme hasta que me quieras.

Comentario de la autora

Muchas veces ni nosotros mismos sabemos lo que queremos o lo que esperamos de una relación amorosa. En este poema, el yo poético ruega al ser amado una mentira. Sin embargo, en el primer cuarteto se relatan momentos de intimidad entre dos personas, lo que nos lleva a pensar que, aunque alguien mienta, sus acciones indican otra cosa.

En el segundo cuarteto, se plantea la posibilidad de huida del ser amado, que vuelve, finalmente. Para concluir, en los dos tercetos finales, se concluye la tesis: «miénteme hasta que me quieras», pues se espera del amado que, después de todo, se acabe enamorando.

Comentario del editor: ¿por qué está este poema en la antología?

La idea de pedir a la persona amada que, si no nos quiere, al menos finja no es novedosa, pero Malena la expresa aquí de una manera muy acertada. Uno podría pensar que es triste tener que mendigar amor (Rabindranath Tagore decía que quien debía hacerlo era el más mísero de los mendigos), pero aquí lo que finalmente se desprende es que la mentira acaba llevando a esa persona amada a la verdad, a sus verdaderos sentimientos. No es que tengas que fingir que me quieres toda la vida; es más bien que tienes que confiar en que me quieres para al final descubrir que no puedes vivir sin mí.

Y ese es el acierto del poema: le da la vuelta casi como por arte de magia a través de los versos «hasta que parezca que tú / también te lo crees y hasta que sientas / que tienes que seguir mintiendo toda la vida / para que yo no me vaya». Ese «hasta que sientas» que se queda cortado con el encabalgamiento es clave: miente, actúa, hasta que empieces a sentir y entonces me querrás, y me querrás tanto que pasarás a mentir, a actuar, para que quede claro que me quieres y yo no me vaya.

No es, por tanto, como la tan repetida frase de Goebbels de que una mentira repetida muchas veces se vuelve verdad; es más bien una invitación a decir lo que otra persona pide que digas, aunque parezca falso, porque no estás viendo la verdad que la otra persona ve. Y se muestra así una preciosa relación de amor basada en la confianza: la persona que ya quiere, la sentimental, confía en que la otra persona querrá; y la persona que no quiere, la superficial, confía en esa persona, aun sin saber querer, porque sabe que merecerá la pena quererla cuando empiece a sentir.

Esta noche

Dejé un poema a medias
por ir a verte,

pero la noche me ha recordado que nunca pasaste…

si pusiera en una caja todas las veces
que te observé en silencio sin que notaras
que te miraba,

si protegiera con candado cada lamento
por haberte creído mío sin saber
que te irías,

si me hubiera quedado todas las lágrimas
que derramé después de verte
porque no iba a hacerlo más,

si pongo en una caja este poema
si lo guardo bajo llave
y le amarro una cadena

MALENA ULCINA CABELLO

no me oirás llorar nunca
ni me verás reír jamás

si acabo este poema…
por favor, ven esta noche

Comentario de la autora

Este poema parece algo inacabado; sin embargo, su estructura no es fortuita. Los tres primeros versos sitúan la acción: una historia de amor que no ha sucedido. Las tres estrofas siguientes plantean una serie de «cosas que podría hacer o haber hecho» que no tienen ningún resultado.

La penúltima estrofa sí que tiene un resultado. «Si pongo en una caja este poema» se refiere a todas las posibilidades anteriores y al poema a medias del que se habla en el primer verso. Parece que el yo poético es firme en su decisión de olvidarse del poema y pasar página con un rotundo «no me oirás llorar nunca / ni me verás reír jamás»; sin embargo, todo se rompe con el último verso, como una llamada de auxilio: «por favor, ven esta noche».

Comentario del editor: ¿por qué está este poema en la antología?

Es curioso que justo antes mencionaba a Tagore, y este poema recuerda mucho a una escena de *El jardinero*, del premio nobel indio, en la que la amada tira una cadena al camino y el amado pasa sin mirarla y la aplasta con la rueda de su carro (la cito en la página 184 de *Silvia no rima con nada*). También recuerda a José Ángel Buesa y a poemas como el del renunciamiento, que empieza «Pasarás por mi vida sin saber que pasaste».

La persona enamorada quiere encerrarlo todo para que no salgan a la luz sus vanos y tristes intentos de conquistar a la persona amada, y también para olvidar. Pero no hay llave ni cadena que pueda encerrar la pasión, y el poema, con lo bien que iba, acaba rindiéndose y rogando a la persona amada que venga, con lo que, además, se acaba convirtiendo —a lo Cortázar— en el poema al que se refería al principio, aunque aquí no queda a medias por ir a buscar a la persona amada, de momento, sino por pedir que venga.

3

**y yo entendí por qué decía
que a cierta edad era mejor abrir los brazos**

Amanda Plaza

Amanda Plaza Goris (Santiago de Compostela, 1991) descubrió la poesía a los ocho años de edad. Su profesora de primaria utilizaba los poemas como método de memorización diario. Amanda escogió la poesía como aliada y la educación como profesión. Es diplomada en Educación Primaria, Técnica Superior en Educación Infantil y Pedagoga, además de una enamorada del aprendizaje continuo. Dirige su pequeño centro educativo, Metamorfose, en la capital gallega, apoyando al alumnado con dificultades de aprendizaje. En septiembre de 2019 publicó su primer poemario, *Kilómetro cero*, con la editorial Valparaíso Ediciones, con la que repitió en noviembre de 2021 con el segundo poemario, titulado *Morfología de un cuerpo*. En ese mismo año y mes, publicó con Tulipa Editora su primer poemario en lengua gallega y castellana, *Beizos de Mar*, presentado en la Feria Cultural de Pontevedra, Culturgal. Recientemente la revista *Casapaís* ha publicado dos poemas suyos.

La mirada también envejece

I

El olvido se llamó margarita

La abuela nunca miraba de la misma forma

Se sentaba en la silla
fuera
a recibir el sol proyectado desde el hormigón

Siempre, sin excepciones
pedía a mi abuelo que encendiera la radio

La abuela era de costumbres:
el *mandil* a cuadros, los collares de perlas
el abrigo de pelo y el olor a aloe vera

Doblaba el dinero, lo encerraba en nuestro puño
y añadía: «non llo cigas ao teu abuelo que me mata»

Continuamente repetía las mismas historias
pero nunca miraba de la misma forma

Sus ojos guardaban
una expresión particular para cada ocasión

La abuela cuidaba el jardín llenándolo de flores
Le encantaban las rosas

Recuerdo como una tarde
miró los rosales de la misma forma
y les llamó margaritas

Recuerdo, también, otro día
en el que yo dejé de ser mi nombre
para ser muchos otros erráticos nombres

La génesis del olvido se llamó margarita
y se extendió por todo el jardín cognitivo de la abuela
como las malas hierbas

Yo decidí quedarme con el recuerdo
de cuando la abuela era la abuela
y esta nunca miraba de la misma forma

II

Topografía de la madurez

El derrumbe de las fachadas de las casas nos avisaba
Las nuevas construcciones, los libros en el estante
                                        [amontonados
las navidades en casa de los abuelos

Nuestros ojos
milimétricamente se abrían al mundo
para que entrase la vida en ellos

La escala desde la que contemplábamos la Tierra
era la siguiente:

1:5.000

Un centímetro más cerca de nuestros sueños
5.000 parpadeos en la realidad

El crecimiento de edificios en el barrio nos avisaba
Nos avisaban los aniversarios de nuestros padres
Las doce uvas en nochevieja

No había espacio en nuestra mirada
para la descomposición de la fruta
ni el deterioro neuronal

Una tarde
la abuela empezó a parpadear con lentitud
reduciendo así su escala y la de mamá también

Sus ojos
tan fijos
dejaron de dar cobijo al movimiento de las mareas
y todas las playas cambiaron su nombre por el del olvido

Nos avisaba el calendario con sus cuatro estaciones
No supimos escuchar el silbido de las hojas cayendo
[de los árboles
al sol quemándonos la piel
o al frío penetrando en nuestros huesos

Éramos jóvenes
y nuestros ojos guardaban la medida exacta
que pudiera ocupar el mundo

AMANDA PLAZA

Pero con el tiempo
las arrugas estrechan la mirada y la vuelven borrosa

La mirada de la abuela se apagó. Dejó de caber el mundo
en sus ojos
y yo entendí por qué decía
que a cierta edad era mejor abrir los brazos

Pues todo, llegado el momento
se mesura desde el corazón

Comentario de la autora

A veces las flores tienen forma de garabato
pero, si las miro desde tu silla, solo percibo belleza

El camino que conduce al recuerdo de mi abuela huele a rosas. Tal y como ella quiso, aprendí a respetar sus espinas. Por eso, escribir sobre el olvido desde el recuerdo ayuda a llenar el espacio que dejan los cuerpos cuando se apagan. Su mirada se apagó antes que su cuerpo. Hasta ese momento, todos los detalles del paisaje respiraban silenciosos. Nunca más los susurros de la hierba volvieron a pasar desapercibidos, ni la coreografía de las hojas de los árboles, ni el viaje de las nubes, ni el deterioro de las fachadas.

Escribí la frase «la mirada también envejece» mientras observaba una planta seca del salón. Nunca antes me hubiera detenido a echarle agua. La abuela parecía una plantita a la que había que regar con cariño para que nos pudiera reconocer al menos durante treinta segundos. Nunca el reloj corría tan deprisa como en sus parpadeos. Ahí aprendí a no dejar pasar nunca una estrella fugaz. Ahí aprendí que, aunque su sonrisa sería efímera, el poema en estas líneas descansaría eterno.

Amanda Plaza

Comentario del editor: ¿por qué está este poema en la antología?

El tema del alzéimer es tan conmovedor de por sí que a veces da rabia que se use en el arte. Pero hay quienes consiguen tratarlo de una manera que, lejos de cansar, emociona aún más. Es lo que me pasa a mí con la película de *Coco* o con poemas como este de Amanda.

Ya el propio título de la primera parte y la idea de que el alzéimer consiste en que a alguien se le llena la cabeza (o «el jardín cognitivo») de margaritas estremecen, pero hay mucho más: el choque entre el recuerdo de Amanda y el olvido de la abuela, el esfuerzo de enfrentarse a lo que solía hacer su abuela y mirarla de la misma forma que antes, asumiendo (algo terriblemente difícil) que la abuela ya no es la abuela, y, sobre todo, reviviéndola con esa atinadísima ternura de los primeros versos que nos hace recordar por qué las abuelas son tan especiales.

Aunque a veces la vida parezca repetitiva y nos podamos quejar de que los abuelos cuenten siempre las mismas batallitas, es verdad que nada es nunca igual, que siempre hay algo nuevo que merece la pena observar, sobre todo antes de que sea verdad que algo acaba teniendo siempre la misma forma y ya sea tarde —salvo con el recuerdo— para apreciar bien esos matices que, entonces, se distinguen tan bien.

Y se puede decir algo parecido sobre la segunda parte: Amanda consigue darle a algo triste de por sí (la muerte de una abuela) una visión muy poética. La muerte de una persona querida nos hace darnos cuenta de que el tiempo pasa, de que las cosas pasan y no nos enteramos pese a que están constantemente avisando. Creemos ver mucho cuando somos jóvenes, pero no vemos tanto, no apreciamos lo esencial. Solo a cierta edad la falta de visión (el parpadear más lento) hace entender que es mejor valorar la realidad desde el corazón y para eso, como muy bien expresa Amanda, hay que abrir los brazos, en lo que me recuerda a ese maravilloso verso de Delmira Agustini: «abrir brazos..., así todo ser es alado».

En este caso, con un listado que refleja objetivamente la obviedad de que el tiempo pasa, Amanda nos hace reflexionar sobre lo que queremos que quepa en nuestra mirada, si son solo los sueños y el futuro que nace o también lo que se deteriora y va muriendo. Todo debería caber para vivir plenamente y quizá para eso sería mejor abrir los brazos antes.

Descubrí un puente

Aunque todos los días recorro el mismo trayecto,
                                        [desde el tren
el paisaje nunca parece el mismo. Nunca levanto la
                                        [cabeza
en el mismo lomo de vegetación. Nunca el verde de sus
                                        [verdes vértebras
descansa sobre el mismo tono

¿Es el tren que aminora, o son mis ojos los que se
                                        [detienen?

El trayecto discurre entre claroscuros, dime que tú
                                        [también lo ves
Túnel /oscuro/
Ramas que huyen hacia atrás
(¿luz?)
/oscuro, oscuro, oscuro/

Levantar la cabeza y observar la escena. Fuera
        más allá de la propia carne

más allá de lo propio, en medio de la vegetación:
un campo de *grelos,* un tren de mercancías, un
                    [bosque de árboles en esqueleto
(un río bajo un puente)

Todos los días, abrir los ojos
es coger ese tren

Comentario de la autora

Desde muy niña recuerdo dar vida a las gotas que se colocaban en los cristales del coche de papá. Jugaba a que dos de ellas compitieran para ver cuál se desvanecía antes contra la almohadilla negra de la ventana. Recuerdo muchos días de lluvia en la capital gallega, muchas carreras de gotas en los cristales y en mis mejillas también. A los niños les encanta deleitarse con los comienzos: «Había una vez…» es una forma de anticipar aventuras y de inducirse en un mundo mágico en el que todo es posible. Los seres humanos podemos soñar para evadirnos de aquello que no somos capaces de integrar porque es demasiado doloroso, o para imaginarnos en un plano más feliz. De niña pasé por la etapa de evasión en la que nada iba conmigo siempre que podía. Escaparme entre los surcos de la tierra, las zarzas, los insectos del campo y mi mundo interior siempre funcionaba. En aquellos momentos lo que menos dolía era abrirse las rodillas en el hormigón. Eso sí, la sangre corriendo por mi piel daba algo de miedo, como hacerse mayor… Crecí lenta y concienzudamente y, ya habiendo gastado todos mis cartuchos de ensoñación evasiva, elegí soñar para proyectarme en un plano mejor. En realidad uno no elige si sueña para evadirse o si lo hace para imaginarse; es un destello en el entorno quien lo propicia. Mi destello tenía piel y huesos, y había compartido placenta conmigo y habitación hasta los veintiuno.

Escogí soñar para proyectarme en un escenario mejor. Empecé a escribir con solo ocho años porque adoraba deleitarme con mis narraciones internas, que me dibujaban lugares amables y tranquilos. En la adolescencia y adultez crecí narrando mi historia gris para tejer líneas verdes y azules que me liberasen de la lluvia y llegué a la estación de Coruña con treinta años, tan acostumbrada a llevar el mar en los ojos y el naufragio por dentro que no advertí la posibilidad de quedarme sin energías y sin brillo en el horizonte. El diagnóstico sentenció un cuadro depresivo inesperado para mí, y necesario para mi cuerpo. El paisaje de pronto se enlenteció y las palabras perdieron su música. El tren era el transporte de lo cotidiano, donde viajaban mis extremidades desconectadas de todo placer. Esa tarde, de camino al trabajo algo hizo que levantase la cabeza y mirase por la ventana. Pude ver la tonalidad del día, reparar en la ceguera de los túneles y en la desnudez de los árboles, recordándome que, una vez más, las estaciones guían el transcurso del tiempo. Ahí estaba nuevamente la narración invitándome a proyectarme en un lugar mejor. Así que escribí «Descubrí un puente».

COMENTARIO DEL EDITOR: ¿POR QUÉ ESTÁ ESTE POEMA EN LA ANTOLOGÍA?

Volvemos a la idea de que nada es lo mismo si somos capaces de verlo distinto. Yo una vez me lamenté de que todos los días fueran iguales, pero luego pensé que, si me proponía vivir dos días exactamente de la misma manera, era imposible, lo que me ayudó a empezar a disfrutar de las pequeñas peculiaridades de cada día.

Aquí Amanda se plantea si es el tren —la propia vida— lo que nos ayuda, al aminorar la marcha, a ver todo distinto o si somos nosotros. Parece que viene a decir que son las dos cosas. Y así podemos ver un día, como es normal, un puente sobre un río, pero otro «un río bajo un puente», que no es para nada lo mismo. Y así con todo: cada día es una oportunidad de «levantar la cabeza» y ver cosas nuevas.

Con sutiles recursos —como la repetición de la *v* en «el mismo lomo de vegetación. Nunca el verde de sus verdes vértebras» para mostrar repetición de los árboles pasando por la ventanilla o esa sucesión de claroscuros separados por la barra (/)—, Amanda nos sube a un tren en movimiento que nos lleva de la monotonía a «abrir los ojos» «en medio de la vegetación», en la que podemos vivir si miramos más allá.

V RITOS DESPUÉS

I. Encender el incienso por las mañanas, saber que
al despertar un nuevo día encenderé quemaré el
incienso otra vez, otra, otro olor
al de tu pelo distinto en la almohada.

IV. Deshojar margaritas por no enfrentarme al
otoño.

III. Calentar el cambio de estación en una taza.
Tragarlo empujarlo a sorbitos por la faringe. Notar
como el líquido evapora dentro la escarcha última
de tu mirada.

V. Descargar mi electricidad sobre la tierra
en posición horizontal. Lamer el hormigón
del suelo como recordatorio de tus
palabras. Entender al fin ahora la lengua
roja de las hormigas bajo mi espalda.

II. Predecir el futuro pulsando el timbre en una casa
deshabitada.

V ritos después, recogí el papel donde tú solo veías garabatos y lo incrusté en mis costillas. Del suelo recogí los pétalos de margarita. Los volé. Los volé en el pasto en el que tantas veces de niña resbalé con la hierba mojada.

Comentario de la autora

Desde muy niña sigo rutinas para sentirme a salvo en mi propio cuerpo. Siempre he albergado un volcán en el pecho que se me dispara por la boca; así que realizar metódicamente una serie de acciones me ayuda a gestionar la lava. Todo empezó con el juego de no pisar fuera de la franja blanca en los pasos de cebra, con saltar de losa en losa sin aplastar las líneas de las calles, con respetar las dos horas de digestión para bañarme en la playa, y con contar las estrellas adhesivas de mi cuarto antes de cerrar los ojos. Ahí surgió la génesis de los ritos, que se extendió a toda velocidad por mis raíces románticas cuando mi abuela, sentada en el jardín, me enseñó a esperar el amor en una margarita.

A decir verdad, no existe principio racional alguno que sustente dicha acción; sin embargo, es una tradición arraigada en todo el mundo. Todos hemos confiado en la inocencia azarosa de esta flor deshojando más de una para conseguir el sí deseado, así como también todos sabíamos que el amor no cabía en un puñado de hojas blancas. He repetido este ritual y muchos otros, desde la niñez hasta la adultez, así como también me he asegurado y aseguro cada noche de que una tenue luz se desliza por la ventana de mi cuarto para endulzar las sombras cuando duermo.

El otoño de 2019 fue la última vez que me tumbé en la hierba mientras algo parecido al amor me mordía el cuerpo y me estrujaba el corazón cada vez que arrastraba un pétalo blanco. Dos primaveras más tarde, lucía el sol en nuestra piel, ambos leíamos despreocupados sobre el césped plagado de margaritas. Ninguna acabó en mis manos porque el amor ahora tiene ojos marrones y brazos que miden lo que mide mi torso.

V ritos después, cada tarde, pulso el timbre de la abuela sabiendo que no contestarán. Nadie puede asegurarme un futuro, así que, aunque sea por unos segundos, yo misma me lo construyo.

COMENTARIO DEL EDITOR: ¿POR QUÉ ESTÁ ESTE POEMA EN LA ANTOLOGÍA?

Amanda nos presenta aquí un listado de ritos que ha aprendido a seguir para superar una ruptura (después de varias ya). En el orden que se pueda, hay que librarse del olor de la otra persona, del sabor, de su figura, de los recuerdos limpios (al caer al suelo se ensucian y ya no se deben lamer) y adelantarse al otoño de decaída, al futuro, dando por hecho que el estado emocional será como llamar a una casa vacía en la que nadie responde al timbre (tremenda imagen que recuerda a «Es como el eco» de José Agustín Goytisolo), al menos durante un tiempo.

Si se cumple, como se pueda, con esos ritos, uno será capaz de deshacerse de lo bonito que tuvo la relación y que se resiste al olvido y podrá volver a esa época inocente en la que también había desastres y caídas, pero eran por culpa de uno mismo y no hacían sufrir por otros.

La presentación de los pasos a seguir como un listado de ritos, como una receta infalible, transmite cierta idea de efectividad objetiva, pero a la vez se percibe un cierto escepticismo a poder lograrlo (lo que se refuerza con el desorden numérico y espacial de los puntos), pese al uso del pasado de los últimos versos: suena mucho a pasado imaginado.

4

**La ciudad se ha vuelto un mar de asfalto
que no me deja nadar a mariposa**

Míriam de los Ríos

Míriam de los Ríos Anaya (Madrid, 1982) se licenció en Filología Hispánica por la Universidad Complutense de Madrid y cursó un máster en Lingüística en la UNED. Posteriormente, su interés por la música y el teatro la llevó a formarse como actriz estudiando un grado en Teatro Musical y distintos seminarios específicos de interpretación y canto. Tiene un poemario y un libro de obras de microteatro publicados y ha colaborado en varias colecciones de microrrelatos. Además, varios de sus textos teatrales han sido representados en distintas salas de España e Hispanoamérica. Actualmente compagina su trabajo como profesora de Lengua Castellana y Literatura con el de actriz, cantante y dramaturga.

AVISPERO

La ciudad se ha vuelto un avispero
desde que no me llamas por el nombre de las flores,
desde que no nos lanzamos amor, sino olvido
y las puertas de los baños de los bares
no nos escriben besos sino vergüenza.
La ciudad se ha vuelto un mar de asfalto
que no me deja nadar a mariposa,
que me ha perdido en ese enjambre
al que juré no regresar
ante el laberinto de las causas perdidas.
La ciudad muerde,
aunque prometí no volver a dejarme comer por la boca
                                          [del Metro
amarme más a mí y primero
(a pesar de todo)
aunque,
        aunque,
               aunque,
                      aunque duela,
                             aunque te eche de menos.

Comentario de la autora

Avispero es la comparación que la voz poética hace con la ciudad tras una ruptura amorosa. Así, el poema recrea un espacio hostil que impide la sanación emocional y cuyo marco amenaza con traer de vuelta errores pasados.

Del mismo modo, la repetición de la conjunción *aunque* en la última estrofa pone de relieve las excusas de las que el yo poético se llena para no aceptar que, a pesar de la promesa de autocuidado, el dolor ante la pérdida sigue estando vigente.

Comentario del editor: ¿por qué está este poema en la antología?

Poderosísimas imágenes las de este poema: la ciudad como mar de asfalto que no nos deja nadar (me lo imagino como si nos quedáramos atrapados al secarse), la boca del metro como un tiburón que nos come, el avispero que es la gente (que solo zumba y pica) cuando no nos quiere la persona que queremos, cuando hemos vuelto a amar mal...

Nuevamente, los propósitos en el amor no se han cumplido, por mucho que se repitiera ese «aunque» (las repeticiones tienen forma de aguijón en el poema). Para amar bien, hay que amarse a uno mismo primero;

es algo que han dicho muchos (incluso yo: «quererme yo era quererte más a ti, / era querernos más a nosotros»), pero aquí Míriam, con un tono que recuerda a «Insomnio» de Dámaso Alonso («Madrid es una ciudad de más de un millón de cadáveres»), le da un toque especial, con esa amenaza de que o lo haces o caes en un avispero del que no podrás salir indemne.

Un gran poema que nos da la clave para amar a gusto, con la libertad que representa el nado a mariposa: con los brazos bien abiertos y ocupando mucho.

5

**aquel que naufraga tiene también en su mano
alcanzar la orilla y escribir su nombre**

Álvaro Macías Rondán

ÁLVARO MACÍAS RONDÁN (Jerez de la Frontera, España, 1992). Ha trabajado como redactor en las secciones de Cultura de El Mundo, EuropaPress, eldiario.es y 20minutos, así como colaboraciones en ROOM, CTXT, notodo.com, OcultaLit, Break y Canino. En 2016 publicó su poemario *Los inocentes o las ruinas* (Ediciones en Huida), del que salió una segunda edición corregida y ampliada. También participó en la antología *Algo se ha movido. 25 jóvenes poetas andaluces* (Esdrújula Ediciones, 2018). Fue miembro del extinto Colectivo Vitalismo, con el que realizó diversos recitales y *performances*. Publicó su segundo poemario, *Como sobrevive lo débil*, en 2020, nuevamente con Ediciones en Huida. Ese mismo año participó en el proyecto *Inversos* durante la cuarentena por el covid-19. Ha aparecido en las revistas *Zéjel, Casapaís, digo.palabra.txt* y *Luminaria* y en el fanzine *un camino de tierra en medio de la tierra*.

LOS NAUFRAGIOS

El paisaje empieza en el porqué.
ROSA CHACEL

Busca tu palabra que es ahora jeroglífico.
Busca el llanto de un padre, el ácido
olor a cereal de los orines.
Busca del tiempo un terremoto y vuelve

o sal a la vanguardia del pasado,
buscando de la libertad una salida,
de la delicadeza una madera corrupta,
                    del corazón que llames tuyo,
                                        su mandíbula.

Y parte la quijada de ese extraño.
Extrae de su exhalo algo irrompible
y empuña ese escudo como lo que ahora eres:

el rey de esta intemperie que dominas,
la lluvia de este gris callejón con tu apellido,
el mes con el día al que te asomas.

Hay elección y aún no lo entiendes:
aquel que naufraga tiene también en su mano
alcanzar la orilla y escribir su nombre.

Comentario del editor: ¿por qué está este poema en la antología?[4]

Reconozco que los poemas de Álvaro Macías no se acogen exactamente a la etiqueta de «poesía bonita y que se entienda», sobre todo por lo de «que se entiende», pero no los podía dejar escapar: como le dije a él, tiene un don para extraer poesía de la realidad difícil de encontrar.

En este complejo poema llama a identificar y rechazar lo que nos engaña y nos perjudica haciéndonos creer que es lo que queremos, lo que convierte nuestras palabras en jeroglíficos, la libertad que no nos hace tan libres, la delicadeza podrida por dentro, la mandíbula con la que todo corazón —por mucho que creamos nuestro— muerde.

No hay por qué ser el extraño (¿es voluntaria la repetición de «ex» 'anterior' en «extraño. / Extrae de su exhalo»?) en el que nos han hecho convertirnos; por ejemplo, un futuro padre de familia que, por mucho que lo pinten como algo maravilloso, también llora y debe atender las necesidades de sus hijos. Hay que buscar lo esencial de uno mismo (ese pasado a cuya vanguardia

---

4 En este y los demás poemas de este autor, se incluye primero el comentario del editor y después la respuesta del autor ante lo dicho.

podemos salir y reivindicar lo que fuimos) y defenderse, demostrar que uno puede vivir en la intemperie o en un gris callejón y aun así dominar la situación. Porque solo el que elige lo que quiere, el que sabe por qué hace lo que hace (aludiendo a la cita de Chacel), puede tener paisaje por delante, ser el rey de su vida y escribir su nombre en ella, aunque le hagan naufragar y tenga que arrastrarse nadando hasta la orilla.

No sé a lo que se refiere Álvaro exactamente con ese terremoto del tiempo, pero lo entiendo como esos acontecimientos que hacen tambalearse la vida, quizá una ruptura, y que nos hacen salir de la rutina que nos envuelve y nos ayudan a darnos cuenta de que somos náufragos pese a que creamos ir «viento en popa a toda vela» (el poema tiene cierto aire de «La canción del pirata» de Espronceda) sin ser nosotros mismos.

Respuesta del autor

Jamás hubiese pensado que hay algo de Espronceda en el poema, pero apoyo tu visión, por ese juego con la infancia y la repetición rutinaria que propones. Y, siempre, por la aparición del mar, aspiración de cualquier poema —y ese aire indómito de los corsarios, que al cabo es la idea central en estos versos—.

ÁLVARO MACÍAS RONDÁN

Creo que en el apartado paterno te puede tu presente, mientras que yo, al escribirlo, pensaba más bien lo contrario, la posición del hijo, ese no acatamiento de ciertas ideas, normas, convicciones. De hecho, diría que esas dos situaciones propuestas no tienen correlación entre sí. Buscar el llanto del progenitor de forma activa, casi como una orden, es algo que intuyo más parecido a ese dicho de «matar al padre», de no seguir el camino predispuesto.

Te agradezco que articules la idea de que no se me entiende. Personalmente, te diría que el poema comenzó con los dos últimos versos, que tenía en la cabeza desde tiempo atrás, ya que la figura del náufrago siempre se la imagina uno como alguien desprovisto de cualquier poder, desarropado y solo. Yo mismo pude sentir esa incapacidad para ser alguien nuevo. Pero, y aquí radica el quid del poema, una vez que nadie te conoce, eres capaz de reescribirlo todo, incluso tu propio nombre.

DESTINO DE SAL

Otra vez aquí, en el destino,
en este cruce de uñas, en este secarral de lágrimas,
donde los castillos han dado paso a la intemperie,
los olivos a perfectas astillas,
el plural a un átomo horrible.
Donde tomarte de la mano es ahora un folio sucio
                                        [orilla de la fiebre.

El destino está abierto como la tripa de los bueyes
o el pescuezo de un burro
y aquí me alimento de musgo y de pieles muertas
—patrimonio inhóspito del llanto—.

Me adelantan los días que no vivo contigo.
Me cae el sudor a chorros, su sal de simulacros.
Los anillos son triángulos de victorias perdidas.
La luna se hace hueco entre mis piernas
como un chamán dormido
que no ha deshecho el equipaje ni destensado mis fallos.

ÁLVARO MACÍAS RONDÁN

Error. Culpa. Jadeo vacío.
El pasado es el carbono en lejanos planetas.
El futuro, una coherencia gritando libertad por debajo
[de los manicomios.
Otros sí que saben de qué hablo cuando digo tu nombre
porque hablo el idioma de los que el amor ha doblegado.

Le importo a los perros.

Otra vez aquí, en el destino, aquí siempre.
No soportaré de nuevo el lastre inútil del mal olvido
porque he sido aquel que conoció el poder oculto del
[cieno,
de la broza, de la marihuana, del kumquat y de los besos:
agotamos el amor como una serpiente,
de un solo bocado.

De nuevo aquí, donde la noche me forja.
Donde la noche me forja
    y extraño la hermosa pringue de las jacarandas,
la profana amistad de las peluquerías,
y me doblego a la avaricia final de la nicotina y el
[espanto.

Cerca está lo imposible.
Lejano lo demás.

Debiste, sin duda,
morderle a mi vida el corazón
si te gustaba *lo amargo de su asunto,*
si ya mordiste otro duro invertebrado
ser que nunca fuimos.

Debes ahora, sin duda,
marcharte, alejarte, irte,
dejarme aquí, de nuevo aquí, en el destino
con sangre de lobo y una cruz de gitanos
sobre el alma.
Con toda esta tristísima cohorte de lirios.

Y tal vez no grite. Tal vez ya nunca más grite.
Pero lloraré.

Y esa será mi venganza.

ÁLVARO MACÍAS RONDÁN

Nuevamente, estamos ante un poema alejado del espíritu de esta antología, pero tampoco podía dejarlo escapar. ¿Debería haberlo descartado? Bueno, de vez en cuando no está mal enfrentarse a poesía algo más hermética para ver que no muerde. La de este poema es muy apropiada para ver de qué manera se puede sugerir mucho con imágenes bien elegidas.

En el poema en general se habla de una ruptura dolorosa sufrida por alguien que se ve de nuevo obligado a lidiar con el destino, a ese «¿qué va a ser de mi vida?» en el que lo bonito y acogedor pasa a resultar inhóspito. La persona regresa a la angustia del número uno, se siente un «átomo horrible» (genial imagen) al que los olivos se le han convertido en «perfectas astillas» (¿bien afiladas para clavarse fácilmente en el corazón?).

El tiempo se descontrola («Me adelantan los días que no vivo contigo»). El pasado se ve como el desencadenante de vida (el carbono) inalcanzable y se teme volver al «mal olvido» (el que no se ejecuta bien, el que no olvida realmente) de relaciones pasadas. Todo ello inundado por la culpa y por la pena de que la otra persona no diera un paso más, de que no se decidiera a morder el corazón pese a sí haber mordido el duro caparazón de una relación superficial, sin esqueleto interno.

Con imágenes casi surrealistas u oníricas que admiten distintas interpretaciones —como la anterior o como la de «la profana amistad de las peluquerías»—, Álvaro consigue transmitir una tristísima y fría desolación ante un amor que acabó siendo un bocado de serpiente temporal, algo que de repente había pasado. El olvido quizá se ejecutaría bien si se tuviera una convicción real de que la otra persona debe marcharse, si se dejara de querer tener cerca lo imposible, si, más que llorar como venganza para tratar de dar lástima, se viera esa nueva visita al destino como una oportunidad, la de utilizar las perfectas astillas para encender un fuego que caliente e ilumine ese futuro que pide libertad. Y que la sal derrita la nieve que haya por delante.

RESPUESTA DEL AUTOR

Quizá este es uno de los poemas más crípticos que he escrito nunca, si bien creo que el sentimiento que lo recorre puede ser fácilmente comprendido por quien lo lea. De ahí que yo no lo vea tan hermético, sino más bien visceral o, en su defecto, reservado —¿acaso sibilino?—. La idea de volver a enfrentarme al destino, algo en lo que no creo en absoluto, me parecía suficientemente poética para tirar del hilo. Sobre todo porque no era la primera vez, como digo nada más comenzar el poema, que vivía una historia similar, con todo lo que supone que aquello de gigante que tiene el amor —el imperio inherente de los castillos, los olivares como árboles majestuosos o, sencillamente, un plural en las palabras— se queda en la nada cuando has de volver a estar delante del papel en blanco de las noches en vela.

Me llamaban la atención todas esas excreciones del cuerpo como partes muertas del mismo —la sangre, la piel, el sudor, un jadeo—, como observando un cadáver. Uno, además, que puede hablar con otros en su misma situación, que conocen esa lengua. De ahí que el poema tenga algo sucio, todo eso que se ha de limpiar tras un desengaño: broza, cieno, el suelo de las peluquerías bajo conversaciones arbitrarias, las flores de las jacarandas de las calles.

El verso «lo amargo de su asunto» es de Miguel Hernández y es el que me dio la clave para pedir un final de verdad, nada de falsos olvidos, sino un «The end» casi de ritual o de brujería. Y, conste en acta, no estoy a favor de las venganzas en el desamor, a menos, como esta, que sean en soledad y para uno mismo.

LEONARD COHEN

But let's leave these lovers wondering
why they cannot have each other,
and let's sing another song, boys,
this one has grown old and bitter...

Es más litúrgica la cama que no espera,
es más elocuente el semen como bestia,
está más desnuda tu mirada que no miro
porque en ese campo ya hundí todas mis bocas
y todo mi tuétano se volvió un mal demonio
pues en cada recuerdo habita un espejismo,
una ilusión de que el barco ya no es pecio
sino un fulgor triunfal entre los diques
del astillero del futuro que no llega,
y entro en mi cama como se entra en las escuelas
a aprender a olvidarte como se olvidan los hijos
del vientre y del juguete que se oxida,
como se olvida el mar del marinero,
como se rompe una ventana con un libro
de poemas que cayeron en veranos,

ÁLVARO MACÍAS RONDÁN

de historias tan salvajes que ahora vuelan,
donde nunca hicieron nido los fantasmas
porque creamos en lo oscuro un territorio
que sólo pueden habitar los que no fuimos,
y cierro los ojos con actitudes lejanísimas
al sentir un frío tenaz como una lluvia
golpeando el alféizar, llamándome a filas,
a volver a escribirte que no te echo de menos,
que si acaso escribir tiene razón para los locos
no soy menos cuerdo por decirte una mentira,
por tratar de comprender a los ahorcados,
por querer vender quincalla de nostalgia
al dios misericordioso de algún mito,
y sueño que no sueño que te tengo
aún entre mis brazos como en un mal almanaque,
que me sé cada taxi que pasa por tu puerta,
cada verbo que usas con extraños,
cada lunar cobijado entre tus senos,
porque amar tiene un cielo reservado
para aquellos que han sabido pecar.

Y supimos.

Pero no ignores que yo también puedo abandonarte,
que la derrota es un tren que no negocia,
que desconoces de mí lo que yo mismo desconozco,
que negarnos será sólo cuestión de perder el infinito.

COMENTARIO DEL EDITOR: ¿POR QUÉ ESTÁ ESTE POEMA EN LA ANTOLOGÍA?

Con este poema se puede decir lo mismo que en los anteriores, pero espero que ya hayáis afrontado la lectura con menos miedo.

Una vez superado el duelo de la ruptura, se llega a una fase de euforia en la que uno ve que va soportando la ausencia y que va encontrando ventajas como que la cama cumple mejor su función cuando no está sometida a una espera. Lo bueno de los recuerdos es que, como desiertos que son, siempre tienen espejismos que sirven de vía de escape para creer que lo que estaba hundido (el pecio) ya no lo está y cobrar fuerzas para olvidar —ahora correctamente— con la despiadada indiferencia de un niño ante el juguete que tanto le divirtió.

A esto ayuda el descubrir que a quien se recuerda no es en verdad uno mismo, sino aquel ser fantástico inventado para la ocasión, que ahora queda encerrado en el pasado sin que se pierda nada. Haciendo que así pueda asomar el ser de verdad, el que ya entiende que no puede estar con la otra persona (frente a la cita de Leonard Cohen), el que ya sabe que no tiene que escribir (aunque sea para mentir), el que ya no quiere justificar la asfixia, el que es consciente de que saber todo de la otra persona no implica tener que acabar eter-

ÁLVARO MACÍAS RONDÁN

namente con ella, el que asume que no pasa nada por perder una eternidad simplemente soñada; así puede partir por fin el tren de la derrota y no mantenerse en la estación el de la nostalgia con una eternidad que no lleva a ningún lado.

Con esa capacidad para encontrar la imagen perfecta, la adjetivación siempre atinada («actitudes lejanísimas») y secuencias memorables («y sueño que no sueño que te tengo»), Álvaro confirma aquí que es un destacabilísimo autor (cuando le conocí le insinué que era el nuevo Lorca). Aquí en concreto, lo del libro de poemas rompiendo una ventana me parece una imagen histórica (al nivel de lo de «Tuércele el cuello al cisne» de Enrique González Martínez) que marca el camino futuro de la poesía en este mundo editorial de escaparates.

Respuesta del autor

Curiosamente, este poema lo escribí apenas unos días antes del fallecimiento de Leonard Cohen, intentando darle respuesta al desgarrador final de mi canción favorita del genial cantautor canadiense (*Sing Another Song, Boys*). Recuerdo que era de noche y que la soledad, como una ausencia corpórea a mi lado en el sofá, latía. Quizá por ello decidí esa rima continuada pero algo anárquica, casi en fase de construcción o de ruina, dentro de una composición que no rompí en estrofas para convertirla en soporífera, en pura desesperanza, en largo gimoteo humano. Una sola frase que se va llenando de nublos, de piratería antigua, de bruma marina, de nocturnidad con alevosía —todo ello ya en la canción de Cohen, un mucho mejor epígono de Lorca de lo que yo podría ser jamás: no en vano llamó así a su hija, Lorca Cohen—.

Es un poema del que siempre me he sentido tremendamente orgulloso, aunque quizá esto no deba decirlo. Tal vez porque ha acabado siendo lo que en mi cabeza, cuando lo ideé, quería que fuera, algo inusual. Aun así, sospecho que hubiese preferido no haberlo escrito nunca y que aquella historia tan salvaje hubiese salido mejor y no se hubiese hundido.

El último verso, que siempre estuvo ahí, así como otras pinceladas del mismo, fueron mi forma entonces de homenajear a otro poema que, en aquellos tiempos, me influyó definitoriamente: el XXV, del Libro Primero, del *Diario cómplice* de Luis García Montero.

ÁLVARO MACÍAS RONDÁN

6

**un ángel estropeado
por las fuerzas de la suerte
la niña que quería ser una niña**

Aurora H. Camero

Aurora H. Camero nació en Bogotá (Colombia) en 1994. Migró a España a los 18 años. Cursó estudios de Literatura General y Comparada en la Universidad Complutense de Madrid. Hasta la fecha solo tiene publicado un libro, *Violeta* (La Bella Varsovia, 2023). Ella es el tema principal de su obra, así como la interlocutora en quien piensa cuando escribe; la escritura la concibe inseparable de su identidad.

I

en el colegio aprendí a falsificar mi nombre
había dos uniformes para separarnos a la hora del
[almuerzo

yo estaba en la fila de los chicos actuando como un chico
[que sofoca su inocencia
(las muchachas como yo nunca llevaron ni faldas ni
[medias ni vestidos)

en clase de gimnasia odiaba mi sudor
y a los ágiles atletas virilmente orgullosos
cruzando la defensa desafiando
su breve juventud
yo permanecía en una esquina de la cancha
dejaba que las gotas resbalaran por mi frente
los otros jugadores me miraban con sospecha

COMENTARIO DE LA AUTORA

La sociedad colombiana está muy estratificada y los roles de género se llevan al extremo. De la misma forma ocurre en los institutos. Incluso para entrar en el recinto donde nos daban el almuerzo, había una fila para chicos y otra para chicas. En el caso de las clases de gimnasia era igual. En aquella época yo no sabía que era una mujer, la educación sexual en Colombia siempre se ha caracterizado por su secretismo. Yo performaba una masculinidad bastante paupérrima, siempre fui considerada un chico afeminado. Las clases de gimnasia constituían mi terror cotidiano e hice muchísimos esfuerzos para escaquearme. Por suerte mi profe de lengua entendía en cierto modo mi situación, las clases de refuerzo fueron por un tiempo nuestra coartada.

COMENTARIO DEL EDITOR: ¿POR QUÉ ESTÁ ESTE POEMA EN LA ANTOLOGÍA?

La poesía es fricción o, quizá mejor, la fricción genera poesía. De ahí que sean poéticos el desamor, la muerte, la soledad, la falta de libertad, el exilio…, pues suponen chocar con otros, no encontrarse a gusto en algún lugar o en la vida en general. Y de ahí que sea también poética, y mucho, la fricción generada por no

AURORA H. CAMERO

encontrarse a gusto con tu propio cuerpo. De eso trata este poema, que con tanto acierto y delicadeza nos presenta Aurora H. Camero.

Aunque su cuerpo le obligaba a tener que actuar como un chico, ella era una muchacha. Una muchacha que no pudo llevar «ni faldas ni medias ni vestidos» (qué bonito esto), una muchacha obligada a falsificar su nombre (no menos impactante), a hacer cosas de chicos y a ser mirada como sospechosa por no hacerlas como se esperaba, una muchacha obligada, consecuentemente, a odiarse a sí misma por aceptar ser lo que no es, por sudar.

Este poema me conmueve especialmente por la inocencia con la que lo presenta Aurora, sin reivindicaciones exigentes, sin protesta agresiva, simplemente con una descripción de unos sentimientos reales mediante escenas muy bien escogidas. Así se entiende todo mucho mejor.

II

temía a las mujeres me sentía *afeminado*
comportándome con ellas un buen chico reservado y
[agradable
(no se hacían una idea)
detestaba esa postura esa
cordialidad para evadir a los vigías esa
obligación de ser otro
hechizada por mi propia imagen
tan acostumbrada
me desvanecía

Comentario de la autora

Actualmente me considero lesbiana, pero en mi atropellada adolescencia nunca pude experimentar el amor entre mujeres. Si bien el rechazo por parte de estudiantes enmarcados dentro de la masculinidad era más palpable, el rechazo por parte de otras mujeres era más velado y poblado de sospechas. Fui considerada un chico afeminado y aquello supuso un muro entre las mujeres y yo. Por eso me cerré a muchas experiencias.

Comentario del editor: ¿por qué está este poema en la antología?

Aquí Aurora nos lleva a una situación tremendamente paradójica, un enredo como de película cómica, pero sin ninguna gracia. En su actuación como chico, se ve obligada a mostrarse varonil con las mujeres; pero, claro, no puede y sufre.

Otra vez esas sospechas sobre ella. El ser «reservado y agradable» le sirve para disimular, pero al mismo tiempo hace que cada vez se sienta menos ella, que se desvanezca su personalidad real, y, lo peor, sigue haciendo que se deteste.

Nuevamente la inocencia y esa manera tan sutil de no culpar directamente a los otros consiguen involucrarnos en sus sentimientos y comprenderlos muy bien.

III

jamás unas manos explorando debajo de mi falda en
[los baños del colegio
nunca la ternura de una mano entre mis muslos
(suplicaba no existía)
un ángel estropeado por las fuerzas de la suerte
la niña que quería ser una niña
toma las partes las fuerza no encaja
sus ojos son el enemigo
junto a la horma en los vestidos un desarreglo
(debajo)
toma los trozos los junta
... aquel muchacho ya no existe
sola sin referentes
la niña recurre a los esbozos
en las pantallas en las revistas
une las piezas no encaja
... este cuerpo no es tu cuerpo:
(abandonamos el cuerpo en sus ensayos)
dobla las puntas las rompe finalmente
¿te rindes?

nuestro nombre en otra boca
como una voz pidiendo
que no se haga de noche.

AURORA H. CAMERO

COMENTARIO DE LA AUTORA

Lo que más añoro de mi adolescencia no existe. Yo anhelaba vivir las experiencias que otras chicas del colegio me confiaban. Yo quería vivir sus vidas, ser como ellas. Pero, a falta de referentes, aquello que yo percibía en mí no tenía un nombre. De manera que mi infancia y mi adolescencia han sido una sucesión de recortes y espacios en blanco, de frustración abstracta y de duelo sin imagen. Por ello aquella época la denomino *la muñeca de trapo*.

COMENTARIO DEL EDITOR: ¿POR QUÉ ESTÁ ESTE POEMA EN LA ANTOLOGÍA?

Con algo más de complejidad que en los anteriores poemas, Aurora nos vuelve a introducir aquí con habilidad en la cabeza de una persona que no encaja. La aparente paradoja «la niña que quería ser una niña» resume de forma apabullante ese sentimiento de no poder ser lo que se es, de luchar contra lo establecido buscando referentes que aún no hay y temiendo rendirse. Para evitarlo, se ve obligada a ir recopilando recortes de distintos sitios, como un «ángel estropeado» (qué bonito) o una muñeca de trapo que busca arreglarse con remiendos para el cuerpo y el alma, en esa acertada comparación mencionada en su comentario y que desarrolla en su libro *Violeta* (La Bella Varsovia, 2023).

paranoicos por llegar al siguiente, y, llegado a este, al último supuesto escalón

ANDRÉS RUBIO BLANCO

La relación de **ANDRÉS RUBIO BLANCO** (Infiesto, Piloña,1984) con la escritura fue tardía, íntima, e insegura. La usa, habitualmente, como una herramienta (torpe) de introspección que, como el correr, le ayuda a regular y trascender. Le inspiran la admiración las poesías y textos de las libretas escritas a mano por su padre que, entre vinos y guisos de su madre, les lee y emocionan de vez en vez.

Sabe amargo el malestar de las personas,
su vaivén de búsquedas inacabadas, inalcanzables.

Me agota esta percepción de individuos,
paranoicos por llegar al siguiente,
y, llegado a este, al último supuesto escalón.

Me desconcierta el incesante correr por algo,
para no perderse nada, de una carrera para no
encontrarnos.

Antojo de la condición del hombre, de una esperanza
                                              [inventada,
que día a día nos incompleta.
El recurrente peso de la certeza, lo estable, su dinero.

De una felicidad que nunca llega, que está escondida,
en el nunca acabar.
Eso dicen.

Comentario del autor

Las líneas vienen motivadas por un sentimiento de frustración, simple, al observar el modo de vida y la rutina que nos rodea, especialmente en las ciudades. No es más que la incomprensión ante la falta de consciencia, ante la consecuente irresponsabilidad en la que, primeramente el que escribe, y los que ve, nos vemos envueltos. Y aquí, y así, seguimos. Unos más que otros.

Comentario del editor: ¿por qué está este poema en la antología?

No sé si es porque estudiamos juntos de pequeños en el colegio, pero Andrés refleja en este poema con estremecedora precisión la misma sensación que yo tengo de la sociedad y que, como a él, me hace sufrir.

Es triste ver como todo el mundo quiere llegar a algún sitio posiblemente inexistente («una esperanza inventada»), pero sobre todo inalcanzable, lo que hace que nunca lleguemos a sentirnos completos: «nos incompleta» y no nos deja ser felices. Nos pasamos la vida creyendo que subir peldaños es avanzar, pero el último escalón nunca llega («cada nuevo escalón marca el nivel de lo debido», digo yo con curioso parecido en un poema).

Andrés Rubio Blanco

Y no somos los únicos que lamentamos este desenfreno. Ya expresó algo similar Jorge Manrique en las coplas a la muerte de su padre:

Non mirando a nuestro daño,
corremos a rienda suelta
sin parar;
desque vemos el engaño
y queremos dar la vuelta,
no hay lugar.

Y Gloria Fuertes en estos versos:

La gente corre tanto
porque no sabe dónde va,
el que sabe dónde va,
va despacio,
para paladear
el «ir llegando».

¿Es posible escapar de esta rueda? Con un verso final desconcertante («Eso dicen»), Andrés se reconoce parte de esa gente ansiosa por llegar y todas las observaciones anteriores pasan a pertenecer a una voz ajena, lo que transmite la idea de que todos, pese a ser conscientes, nos mantenemos atrapados en esa escalada frenética, bajo ese «peso de la certeza, lo estable, su dinero» con el que tan acertadamente resume Andrés lo que llamamos encontrarse en la vida, una carrera cuyo premio al final es irremediablemente «no encontrarnos».

A Padre

Hasta dónde llegarán tus pies en este nuevo ocaso,
un cuerpo marchito, una mente pesada, y un corazón
[golpeado.

Sudores de tinta del campo, que ahora deben
[mantenerse un poco más.
Aún queda vuelo, Padre.

Maestro de mí, del levantarse, aún no pasó, pero
[caminas con tu ejemplo espontáneo.
Aún quedan páginas de un libro, que cerrar, ya sin
[lápiz, sin pluma.

Lo inventaremos juntos, y yo contigo, Padre. En vida,
[nunca caerás,
y con orgullo, con tus pasos de enseñar, algún día,
[cuando no estés en ella, lo harás.

Hasta entonces, no te irás del camino, como tú hiciste
[conmigo,
así que sujétate,
que, en estas curvas, yo también voy contigo.

Comentario del autor

En estas palabras transmito y siento preocupación y desahogo por la difícil adaptación de mi padre a la vejez, y cómo este enfrenta sus problemas. A la vez, una mirada compasiva llena de admiración, de amor y de esperanza por lo que nos queda juntos.

Comentario del editor: ¿por qué está este poema en la antología?

Qué bonito poema de apoyo a un padre. La vida está llena de ocasos, de momentos en los que algo golpea el corazón, que son más duros cuanto más marchito pillan al cuerpo; tener un hijo que te diga «aún queda vuelo, Padre» tiene que acompañar mucho, desde luego. Hacer ver al padre que incluso en esos momentos —quizá más, de hecho— es un ejemplo, un «maestro de mí» es un claro sustento para afrontar bien las curvas.

Tiene gracia porque, cuando una vez Andrés me hablaba de cómo su hermano pequeño le había superado en todo, yo le dije: «¿Te das cuenta de que todo eso seguramente lo ha conseguido por haberte tenido a ti de hermano mayor?». Pues Andrés con su padre se da cuenta y le dice esas bonitas palabras de que, mientras esté en vida, nunca le va a dejar caer y siempre va a permitir que siga aumentando las páginas de su libro, aunque ya no escriba nada en él (potente imagen). Le devuelve lo que él le ha dado como padre, entre otras cosas el gusto por la poesía, como se puede apreciar en el poema que cito a continuación del propio padre (José María Rubio), de estilo y referencias unamuniano-machadianos, que escribió a sus paisanos de la Unión de Campos (Valladolid)[5] y que le he pedido compartir por la esperanzadora hermandad que muestra:

La Unión de Campos: mi pueblo, mi gente, mi tierra.
Pueblo despoblado, superviviente fatigado entre
                                                [escombros,
de palomares embarrados, algunos rotos,
sustentado en adobe, con disfraz enladrillado.
Gente con alma dura, corazón de acero,
austera y silenciosa.
Sabe aguantar el sol y el frío,
unir lo desunido, mirar al cielo mendigando agua,
soñar con ser vega siendo sequío.
Tierra desarbolada, con llanuras interminables, cantada:
«tierra triste y noble»,
«nervuda, enjuta y despejada,
madre de corazones y de brazos».

---

5 En sus propias palabras: «Lo escribí con motivo de una fiesta en mi casa del pueblo, con un grupo numeroso de amigos, que finalizamos bailando».

ANDRÉS RUBIO BLANCO

Tierra de Campos, a la que el romancillo refranea:
«Tierra de Campos, tierra de diablos,
sueltan los perros y atan los cantos».
Esta noche juliana,
pueblo, gente, tierra,
la amistad te engalana:
Personas de corazones tiernos,
miradas limpias, abrazos apretados,
confluyendo en tu cobijo, alegran mi vida a saltos.

8

**y creaste para las semillas
un techo con tus manos**

Cris Rivero

CRIS RIVERO (Sevilla, 1997), es poeta, filósofe y profesore de secundaria. Es parte de la asociación poética Noches de Poemia, organizando el Festival Rasmia! de Poesía Joven y el ciclo Mujeres de Verso en Pecho. Publicó su primer libro, *Anomalías Salvajes*, en 2019 con Posdata Ediciones. Su último libro, *Kairós*, se publicó en 2021, de la mano de la editorial Cuadranta. También participó en la antología poética *Mareas*, coordinada por Ali A. En 2022, recibió el 2.º premio en el IV Certamen de Poesía Aliar, con su poema «Anillos de caramelo», y apareció en la IV antología Aliar con dicho poema. En mayo de 2023, ganó el 1.er premio en el Concurso 4Artes con el poema «Dédalo».

Tuya es ahora la culpa del incendio,
de la ciudad en llamas,
de las ruinas.
OLALLA CASTRO

No quisimos iniciar el incendio
despertamos en los huesos de la hoguera
a medio nacer
sin conocer aún el color de la ceniza.

No quisimos ver el fuego
desnudas aún no conocíamos su sabor
no teníamos nombre
solo frío.

Nos manchamos los dedos de tizna,
rebuscando en el esqueleto del abedul
nos llenamos el estómago de naranja,
apenas amainó el hambre.

Hundimos las manos en el calor del aire buscando el
[propio
no conocíamos el poder de las llamas
no quisimos quemar el pueblo
(apenas sabíamos andar)
solo buscábamos el camino para ser humanas
en vez de piedras sobre las que iniciar el fuego.

Comentario de le autore

El poema parte de una cita de Olalla Castro, del poema que le dedica a Helena de Troya en su último poemario, *Las escritas* (Almuzara, 2022), e intenta tratar cómo, en la historia de la humanidad, a aquellas mujeres que simplemente han querido vivir su vida, ser seres en derecho propio, se las ha castigado, tildado de culpables (Lilith, Eva, Helena, Clitemnestra…) cuando simplemente se las ha usado como excusa para comenzar guerras, conflictos y matanzas.

El poema reclama la imagen de la mujer como libre, como ser humano propio, no como razón de muerte, no como causa de ataque: simplemente vivas, simplemente libres.

Comentario del editor: ¿por qué está este poema en la antología?

Que las mujeres pueden ser mujeres y a la vez humanas ya lo tuvo que reivindicar (es tremendo que hubiera que hacerlo), entre otras, Ida Vitale en el poema «Fortuna», de *Trema* (Pre-Textos, 2005), que termina así: «Ser humano y mujer, ni más ni menos». En el poema que nos ocupa, que recuerda en parte al de Vitale, Cris Rivero defiende que el poder de la mujer siempre ha estado ahí y que, pese al frío, no querían aprovecharlo para no arrasar con las llamas. Pero, claro, el frío se volvió insostenible y han tenido que «iniciar el incendio».

Aunque se percibe cierta sensación de culpabilidad, la cita de Olalla Castro parece volcar la culpa sobre los que han obligado a que se llegue a esta situación, a que unas piedras que podrían haber sido guías en el camino se conviertan en «piedras sobre las que iniciar el fuego». Y ahora el pueblo está en llamas.

Poema algo complejo, pero esclarecedor, con aciertos como el de «no teníamos nombre / solo frío» o el de «solo buscábamos el camino para ser humanas», que explica bien lo vivido por las mujeres en la historia.

Cris Rivero

¿Hay esperanza después de asumir que el rostro
es la herida del cuerpo?
ALE OSEGUERA

Supiste amar la grieta por la que escapa
la inundación
el frío
la ventisca.

Hallaste camino en el agujero que parte
el estandarte de mi nombre
entre las esquirlas y los adoquines levantados
encontraste las plumas del ave recién nacida.

Bajo la tierra de tumba removida
supiste vislumbrar el primer pespunte de las amapolas
aprendiste a amar también lo bello del dolor
del desastre
de la sangre
y creaste para las semillas

un techo con tus manos
para protegerlas de la lluvia
que vive en la garganta.

Comentario de le autore

Vivimos en una sociedad en la que lo estropeado, lo usado, lo roto, no sirve; no se busca un nuevo propósito a lo descartado, se busca algo nuevo mejor, más limpio, sin costuras visibles. Este poema no es más que un poema de amor desde la entraña, desde el miedo a ser eso que se deshilacha entre las manos, a ser eso que van a tirar para buscar algo sin agujeros; y, sin embargo, ser amada.

Parto de una cita de Ale Oseguera, de su libro *Mi rostro es un mapa de mi cuerpo* (Esto no es Berlín, 2023), para sumergirme en la idea de aceptar la herida, aceptar lo roto como propio, y aprender a amar y ser amada desde la fragilidad que conlleva vivir y mancharse las manos.

Comentario del editor: ¿por qué está este poema en la antología?

Estremecedor poema que habla de la superación del dolor por medio de la búsqueda de lo poco que hay de esperanzador en todo. Entre las ruinas puede haber vida que nace; nunca el dolor es capaz de destruirlo todo. Así, es posible encontrar una abertura en una grieta o un camino en un agujero.

Responde, pues, afirmativamente a la impactante pregunta de Ale Oseguera: sí, hay esperanza tras el dolor. Y para ello basta con proteger «las semillas», las ganas de renacer, de la tristeza, que, ella sí, es capaz de destruirlo todo.

9

y en las venas late apagada una tristeza persistente y familiar

PAULA SÁNCHEZ SANTIAGO

PAULA SÁNCHEZ SANTIAGO nació en Madrid en 1996. En 2018 se graduó en Literatura General y Comparada por la Universidad Complutense de Madrid y realizó un Erasmus prácticas como profesora de español e inglés en Praga. En 2020 finalizó el Máster de Formación del Profesorado y ganó el L Premio Pastora Marcela de Poesía, por el que publicó su primer poemario, *Testimonio de ausencias*. Actualmente está trabajando como profesora de Lengua Castellana y Literatura en un instituto público en la Comunidad de Madrid. Además, en 2023 fue finalista del Premio Adonáis de Poesía con el poemario *La herencia de los pájaros*.

ALONDRA

Ya no hay alondra que cante en las manos de Federico
y el silencio grave de su no canto anuncia un alba de
                                                        [ceniza
y el cielo gris y el asfalto gris y el agosto gris de Madrid
asfixia las margaritas y las rosas rojas como flores y
                                                        [símbolos
y no es posible la belleza ni la poesía en esta ciudad
                                                        [incandescente
Ya no hay vuelo de alondra en nuestros labios
            [ni vértigo de terciopelo en nuestras caricias.
Nuestra generación seca sus conocimientos bajo la
                                urgencia de un futuro apocalíptico
y el sentido huye por trincheras de fuego y herida
y en las venas late apagada una tristeza
                                [persistente y familiar
enredada como la hiedra en los cuerpos inmediatos
Ya no hay nido donde refugiarnos de la incertidumbre
del paso del tiempo o de la historia
de la evidente ausencia de dios
de la nostalgia congénita

de este madrugar para nada este amar para nada
                    [este decir para nada este ser para nada
y cuando la esperanza perdida y mutilada acude
                    [arrastrándose a nuestro encuentro,
huimos
nómadas a fuerza de desarraigo
y lloramos el desamparo en público
                    [como huérfanos victorianos
y la desesperanza pudre la primavera exhausta
                    [quemando todo lo que tiene pulso
las corolas
nuestros contornos
y toda la piel es ahora tejido cicatricial,
                    [translúcido, rugoso
dormido al tacto a la música
a la respiración de la persona amada
a la poesía
Ya no hay alondra
y, sin embargo, mi abuela acariciándome el pelo.

PAULA SÁNCHEZ SANTIAGO

Comentario de la autora

Este poema surgió a raíz de una noticia: en agosto de 2022 había vuelto a desaparecer la alondra de bronce de la escultura de Federico García Lorca frente al Teatro Español. Este hecho me pareció casi una puesta en escena de la situación del momento: la alondra, que podía simbolizar la alegría, la esperanza, la belleza, había sido arrebatada de las manos del poeta antes de que pudiera emprender su vuelo.

En ese Madrid asfixiante y gris de agosto no cabían la poesía, las formas puras, las margaritas o la esperanza de las que hablaba Lorca en sus famosos poemas de *Poeta en Nueva York*:

> «Cuando se hundieron las formas puras
> bajo el cri cri de las margaritas,
> comprendí que me habían asesinado».

> «La aurora llega y nadie la recibe en su boca
> porque allí no hay mañana ni esperanza posible».

Es imposible librarse de esta desesperanza, encontrar el sentido que nos había sido prometido en esta ciudad, en este capitalismo salvaje, en este mundo casi preapocalíptico. Y, sin embargo, siempre hay algo que nos ancla, algo que nos lleva a una trascendencia aunque sea efímera, algo que da sentido. Me gustaría decir que es la poesía, pero creo firmemente que es la ternura, aunque, pensándolo mejor, quizá ambas son la misma cosa.

COMENTARIO DEL EDITOR: ¿POR QUÉ ESTÁ ESTE POEMA EN LA ANTOLOGÍA?

Todo el poema es una pesimista visión de un mundo que ha agotado la poesía. Los nuevos modos de vida no dejan lugar al vuelo de la alondra, pájaro que simboliza lo bello y que es muy recurrente en la poesía, en Lorca y en muchos otros (la *Alondra de verdad* de Gerardo Diego, el «Alondra de mi casa, / ríete mucho» de las «Nanas de la cebolla» de Miguel Hernández...).

Con brillantes imágenes como la de «la primavera exhausta», la de una piel que es ahora toda «tejido cicatricial» o la «tristeza persistente y familiar» o «nostalgia congénita», el poema nos alerta sobre este mundo aletargado. Y, cuando ya nos ha sumido en la desesperanza, de golpe, en un solo verso, nos recuerda que, aunque ya viejecitas, hay aún semillas de esperanza, aquí la caricia de una abuela. De esta forma, da la razón a Bécquer y su «pero siempre habrá poesía» o a Neruda y su «Podrán cortar todas las flores, pero no podrán detener la primavera». Podrá no haber alondras, pero siempre habrá alas. Podrán detener las alas, pero siempre habrá cielo.

PAULA SÁNCHEZ SANTIAGO

sueñas hacia dónde?

OBED HIGUERAS

Obed Higueras (1986) es de Gran Canaria. Cinco poemas suyos fueron publicados en el tercer número de la revista *Casapaís, Entonces habrá una noche.* Esta es su segunda incursión en el mundo literario. Trabaja como diseñador gráfico, rotulista e ilustrador.

hacia dónde miras cuando en la cama haces que duermes
hacia dónde diriges los ojos vacíos a la vacía oscuridad?
sobre el pelo de quién posas las cuencas
cerradas   las pestañas
          pestillos
hacia dónde es adentro? al hueco del pecho propio?
te has comido todas las uvas del racimo
seco
el interior del ensueño
secas   la respiración
ahogas   voz sobre voz
sueñas   hacia dónde?

Comentario del autor

En este poema intento reflejar ciertas ideas que me son vaporosas, como el miedo, el desasosiego, el presente y el vacío vital. Miedos a la soledad, al vacío de uno mismo, al sentirse y entenderse pequeño, reconocerse poco profundo, inane. Y el proceso por el cual se llega es físico, a través de la experiencia sensorial. Es durante la nocturnidad donde aparece este mirar dual, físico y psicológico. Mirarse a uno mismo en la oscuridad de una habitación, observar las faltas propias y todo aquello que tampoco hay en este espacio concreto que es la habitación, la cama (es este el lugar donde ocurre tanto la pesadilla como el sueño); mirarse y ver los huecos anímicos, emocionales, profesionales, intelectuales.

Juego con el espacio semántico, así como con las distancias entre palabras y su estructura, para dejar en un trazo algo de lo que pasa tanto por dentro como por fuera (si acaso no fueran lo mismo). Esa noche cené uvas.

Obed Higueras

La palabra *hacia* es preciosa: indica dirección, objetivo, futuro. Tener un hacia es tener algo por lo que vivir. Por eso escuece tanto un poema como este en el que el hacia ya no encuentra nada externo que le oriente; la oscuridad y el vacío se han apoderado de ello, y ahora tiene que mirar hacia adentro (lo que es casi un oxímoron). Ya no hay nada hacia lo que soñar (*hacia* debería ser la preposición que se combinara siempre con *soñar: sueño hacia ti*, mejor que *sueño contigo*).

Con unas pocas preguntas en segunda persona, Obed Higueras refleja bien una conversación interna de alguien que lo ha perdido todo, pero que aun así se pregunta hacia dónde soñar, que pregunta de otro modo, con un cambio en el orden de los elementos de la pregunta (compárese «hacia dónde miras?» con «sueñas hacia dónde?»), para seguir teniendo un hacia aunque haya épocas en las que lo único que oriente es el hueco que la vida nos ha dejado en el interior.

11

Mi casa no tiene ventanas
porque nadie quiere mirar su interior

JAVIER VAYÁ ALBERT

Javier Vayá Albert (Valencia, 1973). Es poeta y narrador, aunque ha desempeñado diversos trabajos ajenos al mundo de la literatura. Ha colaborado escribiendo sobre cine y literatura en diversos medios digitales como *Cinetelia*, *Achtungmag*, *La Huella Digital* o *La Galla Ciencia*, entre otros. Ha participado en antologías como *Vinalia Trippers*, *Buffet Libre*, del colectivo Valencia Escribe; en el libro fotográfico *Perdidos* sobre poesía *underground*, o *Lift Off Bowie* de *La Galla Ciencia*, así como en las antologías solidarias *Poemas contra el olvido* y *Mborahyu*. También ha escrito una columna semanal en el periódico digital *El Imparcial*, así como artículos para la revista cultural hispanoamericana Inmediaciones.org. Es autor del libro de relatos y poemas *El peso de lo invisible* (Alacena Roja, 2014) y de los poemarios *Ascendiendo a lo hondo* (El Petit Editor, 2017) y *Sexo, drogas, poesía y rock and roll* (El Petit Editor, 2018), del libro de relatos *La ciudad que te habita* (Atlantis, 2019) y del poemario *Disidencia poética* (Altolibros, 2020).

CASA DE ARAÑAS

Cáscaras de hombre crujen
en las yermas cuencas
que lloran los domingos porque
no hay tiempo el resto de la semana.
Cáscaras de hombre crujen
como una cama de insectos cálida
de asco y amenaza de tenaza
crisálida en movimiento torpe
de calles en espiral y vericuetos
de sopa rancia y brutalidad baldía.
Hay lugares que se inventan a sí mismos.
Mi casa es una pútrida ciénaga
con enormes patas de araña.
Mi casa es un pasar y no pasar eterno
de señores muy lentos.
Mi casa es un destello, un disparo y un parpadeo
si cierras los ojos verás su aleteo.
Mi casa es la garganta asaetada
de una mujer que grita en braille.
Mi casa es esa que evitan los perros con hambre.

Mi casa es el significado de las plantas
que crecen atravesando la Nacional-130.
Mi casa es una casa de muñecas mutiladas.
Mi casa no tiene ventanas
porque nadie quiere mirar su interior.
Mi casa es aquella que se desliza
en el centro de la enorme telaraña.
A veces me despierto
y no sé dónde esconderme.

Comentario del autor

Este poema habla sobre el maltrato y la violencia machista y sobre la manera en que convierte el concepto de hogar, de casa, que debería significar paz, amor y refugio en todo lo contrario; algo tremendamente terrorífico y triste. He empleado un tono fantasmagórico o de pesadilla, casi de cuento o película de miedo para intentar plasmar ese terror en las mujeres y también los niños que sufren esta maldita lacra.

El verso «cáscaras de hombre crujen» alude a ese momento en que el maltratador deja caer su máscara y muestra su brutal verdadero yo. Ese crujido al pisar las cáscaras es lo que resuena en la memoria de la víctima, es el sonido devastador de la atroz realidad revelada, el martilleo de los golpes y el daño.

El resto del poema se compone por medio de anáforas que en mi cabeza pretendían dotarlo de una musicalidad siniestra. Como un coro sombrío y fantasmal de víctimas ante la indiferencia y la impotencia. Quiero destacar el verso «Mi casa es la garganta asaetada de una mujer que grita en braille», una suerte de antítesis en la que he intentado pobremente plasmar algo de esa indefensión y dolor.

Tenemos aquí un valioso poema que, en primer lugar, destaca por su sonoridad. La aliteración de las consonantes hace que sintamos el crujido de las cáscaras, los destellos, los disparos y hasta los parpadeos.

Con el desasosiego que se crea de esta manera es fácil ya involucrarnos en la soledad o depresión expresada por el poema, a lo que contribuyen las sugerentes imágenes de decadencia, angustia y encierro: calles en espiral, la crisálida, el grito impotente de una garganta agujereada, las plantas fuera de lugar en una autopista, muñecas mutiladas, una casa cerrada en sí misma, atrapada en una telaraña, que no tiene ventanas, no para no ver el exterior, sino porque nadie quiere ver el interior (bonita vuelta de tuerca), una casa que no quieren visitar ni los perros hambrientos.

Un poema de tono lamentable logradísimo sobre el sentimiento de un hombre roto que ya solo es una cáscara partida, seguramente por haberse quedado solo, por sentir que no encaja en la vida, y que intenta vivir soñando porque despierto no le queda ningún rincón donde esconderse de sus pensamientos.

... Se trata
entre otras historias
de devolverle al papel
su condición de árbol.
Retribución, DAVID GONZÁLEZ

La poesía o la nada

Ya no escribo a los poetas.

Porque un poeta es un cangrejo
caminando hacia atrás
por el contorno de su ombligo.

Y mi voz no llega.

Ya no escribo al pueblo.
Porque el pueblo es un rebaño
de lobos hambriento
del rebaño de lobos de al lado.

Y mi voz no llega.

Ya no escribo al amor.
Porque a los poemas de amor
los desollaron los mercaderes
para exhibirlos en las plazas.

Y mi voz no llega.

Ya no escribo a la muerte.
Porque la muerte
es una funcionaria borde
que aleatoriamente despacha.

Y mi voz no llega.

Ya no escribo sobre la miseria humana.
Porque en la hora más cruel
de la noche más taimada
nadie se aferra a un poema.

Y mi voz no llega.

Ya no escribo a las desheredadas.
Porque permanecen ahogadas
en el vértigo del olvido
el légamo cubre sus oídos.

JAVIER VAYÁ ALBERT

Y mi voz no llega.

Dicen que un pájaro
que no puede cantar
es solo un objeto volante
que decora las ramas
del árbol que no puede ser libro.
Entre la poesía o la nada
el vasto engranaje de la arcada
las coordenadas mecánicas
cartografía fútil de tus entrañas.
Dicen que un pájaro
que no sabe cantar
acaba por extinguirse.
Dicen que un poema
es lo más parecido a un árbol
en que un árbol
puede reencarnarse.
La poesía o la nada,
dilucidar si un verso no leído
es definitivamente un verso.

Comentario del autor

Un poema en el que me cuestiono la razón de continuar escribiendo poesía y si tiene algún sentido hacerlo cuando «mi voz no llega», es decir, cuando nadie te lee. Las primeras estrofas aluden con voz (auto)crítica al ego de los poetas, a la futilidad de la poesía social ante un pueblo indiferente e individualista, a la mercantilización hasta la náusea de los poemas de amor y al tedio de la poesía existencial. Pero sobre todo hablan de mi propia incapacidad como poeta, falta de talento, para hacer que esa voz llegue.

Leí en algún sitio que cierta especie de pájaros en peligro de extinción se veían irrevocablemente conducidos a esta, ya que al ser tan pocos no habían podido aprender los cantos de apareamiento. De ahí la metáfora y comparación entre la utilidad del pájaro que no sabe cantar y el poeta al que nadie lee; la función de ambos en el mundo carece de sentido y terminarán por desaparecer.

También utilicé el viejo dilema filosófico sobre si un árbol que cae en una isla desierta hace ruido para preguntar si un poema que nadie lee es realmente un poema. Según Georges Berkeley, «existir es ser percibido», o sea que la respuesta sería que no.

Sin embargo y pese a todo, la razón para seguir escribiendo poesía, entre muchas otras, la da David González, uno de mis poetas favoritos, en la cita que abre el poema. Tenemos al escribir la posibilidad, y la responsabilidad, de devolver al papel su condición de árbol. Y eso es algo tan maravilloso que vale la pena seguir intentándolo.

COMENTARIO DEL EDITOR: ¿POR QUÉ ESTÁ ESTE POEMA EN LA ANTOLOGÍA?

Emulando un atraco, el título de este poema nos enfrenta a una disyunción que nos introduce a la pregunta que sobrevuela todo el poema: ¿es capaz la poesía de compensar que no seamos realmente nada? Cuando ya no se cree en poetas ni en el pueblo ni en el amor ni en la muerte ni en nada, ¿la poesía puede seguir sirviendo para algo?

Aunque no se da respuesta en el poema, el mero hecho de que se haya escrito parece responder afirmativamente. Y coincide con lo que creo yo: sí, un verso olvidado para siempre es un verso, porque el hecho de que alguien sintiera algo y lo escribiera demuestra que no somos nada. Aunque nuestra voz no llegue a nadie, en nuestra mano está crear en un mundo en el que hasta la destrucción está injustificada (es maravillosa la comparación de la muerte con «una funcionaria borde / que aleatoriamente despacha»); en nuestra mano está ser pájaros y no meros objetos volantes de decoración; en nuestra mano está no extinguirnos. La solución es la poesía («para que al menos la muerte de un árbol merezca la pena», como escribí en un poema inspirado por el de David González citado).

12

Todo se reduce
a esos cinco peldaños

JESÚS DURÁN

JESÚS DURÁN (Reus, 1961) es un apasionado de la literatura. Ha participado en diversas antologías, revistas y fanzines, sin limitarse a un solo género, moviéndose entre relatos y poesía. También comparte su pasión por las letras en el blog *Relatos y mentiras*. Es un ávido lector, en una búsqueda constante de compaginar la realidad con la escritura. En la actualidad, además de dar vida a un poemario en solitario, prepara en coautoría nuevos proyectos literarios.

ENCUENTRO

Esos cinco peldaños
de la escalinata
bajo un sol de verano;
la primera vez
que coincidimos.

Un primer instante,
puede que
también *un* último.

Así de incidental
puede ser volver a coincidir.

Las distancias largas,
las esperas interminables,
el deseo irrefrenable
de huir para recuperarte.

Todo se reduce
a esos cinco peldaños:

uno de nosotros subirlos,
uno de nosotros bajarlos.

Y con un beso,
abrazados,

encontrarnos.

Jesús Durán

Comentario del autor

Es curioso que el verano, evocado por el sol, sea uno de los momentos en los que con mayor frecuencia nos reunimos y nos despedimos de personas a quienes amamos. Quizá porque es tiempo de ocio, de viajes.

Y de decisiones.

A veces también coincidimos con alguien nuevo o a quien no hemos visto en mucho tiempo, y este encuentro puede ser un principio o un final. Y unos simples «cinco peldaños» de la escalinata de una estación de tren se convierten en una corta o larga distancia: cercana o interminable.

Los protagonistas del poema disponen porque llevan las decisiones a cuestas, con sus interrogantes, sus experiencias de las esperas, y sus deseos. Deberán elegir si quieren cubrir esa separación, ese caminar del uno hacia el otro: el encuentro.

Todo se reduce a esa decisión. Y siempre será nueva para ambos.

Encontrarse con el amor de nuestras vidas suele ser fruto de la casualidad. Si la situación no facilita establecer contacto en ese momento, ese «encuentro» queda ya para siempre como un simple recuerdo. Y volver a coincidir puede ser imposible.

En este poema Jesús Durán muestra esa rabia de no haber dado el paso —con lo simple que habría sido recorrer cinco escalones y abrazarse— y esa desesperación de querer huir (de la vida en general), pero saber que no hay lugar adonde, saber que, aunque lo hubiera, la otra persona tendría que recorrer los cinco escalones, pues para el amor no basta con que sea uno el que recorre los diez.

Nostalgia en estado puro ante la que ya solo queda resignarse: «Intento salir indemne / de aquel encuentro / en el que fui feliz», como dice Jesús en otro de sus poemas.

13

**en este país
tampoco sabe llover**

PABLO R. CARRATALÁ

PABLO R. CARRATALÁ (Valencia, España, 1998) es tra-
ductor en Madrid graduado por la Universitat de Valèn-
cia y la Karls-Ruprecht de Heidelberg. Ha realizado otras
estancias de trabajo, estudios e investigación en Marsella
y Leipzig. Ha participado en el número 2 de la revista cul-
tural valenciana *Parnaso* con algunos poemas y con una
traducción de la poeta Karoline von Günderrode para la
revista *Granos de Polen.*

Tríptico sanador de lo ausente
Tres poemas para tres años y
tres ciudades (Marsella, Leipzig,
Madrid)

I — Lo que no está

> *L'hivern sense el teu cos*
> *és molt més cru.*
> Ovidi Montllor

si solo encontrase la forma medida
el verbo acabado
o el adverbio irreprochable
para decirte lo que no has de escuchar

mientras me obstino en conseguirlo
la noche *es*
y, en su centro, el barrio,
cuyos perros claman las injusticias al cielo
con sus ladridos desvelados,
espantando las quinientas moscas
que habitan el farol de mi calle

silencio en mi cuarto

oigo el crepitar de los alimentos
en la sartén de alguien que va a comer porque sí
y la pena de un niño
cuyo llanto sacude los cristales del mundo
y la regañina de su madre
porque no puede más

y el silencio en mi cuarto

la luz del farol
que esquiva con gracia los postigos
y se va a buscar su talle
débilmente
en mis papeles
                              —se extiende tenue por el techo,
                              la cama me abraza—

oscuridad en mi cama

si solo encontrase la manera,
le mot juste
de decirte cómo deseaba
que entrases por mi ventana

II — Lo que no será

escribí en mi diario
el día en que nos reencontramos:
«el mundo es un lugar justo»

antes, años atrás,
dejé fijado en una fotografía de nosotros:
«hay lugar para la belleza»

ahora,
que el pasacalles del ayer
resuena en nuestro imperio hasta hacerlo caer
y que los veranos
son ya tinta que se derrama,
dejo observado en una nota:
«el vacío lo invade todo»

la justicia de los reencuentros
la belleza de lo vivido
el vacío del tiempo que no seremos

III — Lo real

el día en que la idea de ti
      —no me gusta decir «tu amor»—
dejó de fustigarme
no salí de casa
ni puse sábanas nuevas
tras cambiar las viejas
ni lavé las viejas

el día en que dejé de temer
      [te]
tronó en madrid
con la furia de un niño hambriento
      —en este país
      tampoco sabe llover—
leí un libro entero
y comí tres veces pan
una por cada año en que te idolatré

      Pablo R. Carratalá

el día en que se resquebrajó el mármol de tu columna
de emperatriz
el mundo se me antojó justo,

                              amiga,

justicia
de hechizo que remite
de niño que crece en su expectativa
o de mayo que rabia de muerte

Comentario del autor

Tres poemas, tres años, tres ciudades y una ausencia que hace que cada experiencia valga un poco menos. La ausencia del cuerpo amado que supura a través de los quilómetros, las estaciones, las fronteras.

Un primer poema marsellés, con el barrio de fondo y sus variaciones, la noche y una luz fina de farol que va a morir al poema semiescrito. Un anhelo incapacitante.

Un segundo poema, escrito durante mi estancia en Leipzig, atestigua un cambio de paradigma. El anhelo da paso a una tímida aceptación, reflejada en las notas escritas y los pensamientos que se derivan.

Finalmente, un poema madrileño: un último chinchín por el dolor. Nuevas puertas que se abren, espacios mentales que se despresurizan y una despedida final —se diría religiosa— simbolizada con el pan, que nos deja con el sabor de lo justo que vuelve a su orden.

Lo más importante: una idolatría que se resquebraja, una herida que se va cerrando gradualmente, un dolor que remite con el paso del tiempo y los países hasta reducirse a los títulos de los poemas mismos: la única opción es lo real, porque nada será porque no está.

Pablo R. Carratalá

Comentario del editor: ¿por qué está este poema en la antología?

Este tríptico nos presenta de una manera sutil y convincente las tres fases de un amor o, mejor dicho, de la idea hacia la persona amada: la del deseo contenido, la de la desolada aceptación y la de la justicia del olvido como final.

En la primera fase, bien llamada «Lo que no está», el enamorado, derrotado de inicio, querría al menos encontrar una manera de expresar su pesar en palabras, aunque no vaya a leerlas nunca su destinatario. La luz que debería dar esperanza está llena de moscas y, aunque el grito contra las injusticias haga que se espanten y que la luz consiga colarse por la ventana, esta no llega a iluminar la cama y, sobre todo, no es la persona amada.

En la segunda fase, se acepta el fracaso del amor, que es «lo que no será». Se pasa de considerar el mundo un lugar justo en el que la belleza tiene cabida a considerarlo un espacio vacío. Cuando una historia se reduce a recuerdos escritos («tinta que se derrama»), el tiempo se mide en negativo («tiempo que no seremos»), bonita forma de entender la constatación de lo temido, tiempo que ahora va en nuestra contra.

Finalmente, en la tercera parte, Madrid se convierte en el lugar que devuelve al enamorado a la realidad, a «lo real». No era que en las otras ciudades lloviera mal y no permitieran el amor, era que el amor no tenía que ser y, posiblemente en el sitio donde empezó todo, se ve bien que ya debe terminar. Y se ve como algo justo, una justicia ahora distinta, la justicia quizá que compensa con el mal a quien ha recibido demasiado bien. Todo hechizo acaba remitiendo.

14

Y, si pregunta la luna si la he visto,
Decirle que yo solo quiero verla amanecer

Berta Algaba

BERTA ALGABA SANTOS (Barcelona, 2005) nació en un pueblo cercano a Barcelona, siempre junto a la playa, aunque le tenga miedo al mar. Empezó a escribir cuando su profesora de literatura leyó en voz alta poemas de Pedro Salinas y en ese momento la poesía se transformó en la mejor compañía para buscarle el sentido a su vida. Actualmente, está estudiando Filología Hispánica en la Universidad de Barcelona.

BERLÍN

Añoro la vida,
Tú eras el sur transeúnte que iluminaba el muro de
[Berlín
A veces había en un baile lejano, vacío, inerte sin ti.
Yo no sabía si ir con mi triste y absoluta soledad,
En el que escucho voces insistentes navegando en mi
[subconsciente.
¿Tú sabes a qué huele la luna?
Con todo este mundo dedicado a la melancolía.
¿Ves el destino? No queda nada claro,
Está muy mareado por ciertas cosas
Que si no me hubieran pasado
No sería yo misma
No sé si dentro de mí existirá otra persona,
Otra alma, una manera de sentir que piense y ame
[diferente.
Pero seguiré habitando en los poemas
Y, si pregunta la luna si la he visto,
Decirle que yo solo quiero verla amanecer

Comentario de la autora

Joaquín Sabina dijo: «Mi cabeza en el hombro de la luna / y le hablo de esa amante inoportuna / que se llama soledad».

Berlín, dentro de donde yo vivo, me queda un sitio muy lejano y sé cómo es simplemente por ilusiones o pensamientos que tengo. Pero es que, a veces, tenemos que hacer eso, fiarnos de nuestras intuiciones, porque las certezas no existen en absoluto y a veces la vida se acabará sintiendo «en un baile lejano», al cual no te han invitado. En esos casos la luna te acompaña junto a tus pensamientos y tus voces; ahí sabes que la palabra *soledad* no existe, da igual que estés en Berlín o en Barcelona, que siempre será la misma, ya que el destino nos une a través de ella y siempre le hago las mismas preguntas sin respuesta que son las que trato en el poema.

En definitiva, esto se lo dedico a la luna porque sin duda ese poema sale de una conversación larga e íntima que tuve con ella.

Comentario del editor: ¿por qué está este poema en la antología?

Cuando me encontré con los poemas de Berta, me quedé algo desconcertado. Estaban como desordenados, llegaban a parecer incluso fruto de escritura automática, pero no podía dejar de leerlos y, en su falta de orden, me transmitían mucho; tenían el duende poético de los mejores poetas. Aún no sé muy bien lo que es, pero sí sé que los dos poemas seleccionados son muy valiosos.

Este primero habla de una relación con alguien que podría ser luz y guía, alguien que parece fusionarse con la luz de la luna, pero al que se rechaza porque no parece comprender lo que es y lo que busca quien habla, no termina de responder sus preguntas. El destino está mareado y así no se pueden tomar decisiones; de momento es mejor optar por la soledad. Para que esa luz sea convincente debe cambiar y pasar a ser una luna que amanece —qué bonita imagen—. Solo así se podrá vivir sin añorar la vida.

Pero a tu lado

A mi madre, por ser la luz de la luna.

Entre tus brazos caben tantas rosas marchitas
Que se desvelan ante la firmeza que repartes.
Te pesa el ruido irritable de lo tradicional,
La cruz cansada, cuando no puedes cantar tus nanas
Con tu noble alegría,
Que arregla mi triste pena.

En medio de este desgarro, está tu amor
Y das tu pan, aunque no llegues al cándido romance
[burgués.

¿Cómo es dar siempre tu vida por otra persona?

Comentario de la autora

Mi madre es el faro de cualquier oscuridad a la que yo le tenga miedo. El título hace referencia a la canción de Los Secretos (*Pero a tu lado*), una sintonía que mi madre debe de estar harta de escuchar tanto en casa. Ella siempre hace de lo imposible lo posible; si por ella fuese, plantaría jazmines, lavandas y hortensias en los cráteres de la luna, una mujer amante de las flores. Este poema es para darle las gracias por revivir tantas rosas marchitas.

Comentario del editor: ¿por qué está este poema en la antología?

Este segundo poema vuelve a ser un conjunto de versos con fuerte autonomía y aparente aleatoriedad, pero que unidos forman un todo muy potente: aquí el reconocimiento al amor de una madre.

La madre se ve como alguien capaz de abarcar con todas las penas, las flores marchitas. No es la madre tradicional idealizada, pero eso no obsta para que, con su «firmeza» y su «noble alegría», pueda dar la vida siempre por otra persona.

Esta es solo una pequeña muestra de la poesía de una jovencísima Berta Algaba. Os recomiendo seguirla muy de cerca, porque tiene mucha poesía dentro y mucho futuro por delante. Fijaos en estos versos de un poema que publicó hace poco en Twitter:

—Madre..., ha muerto el marinero de Cádiz.
¡Qué joven era, hijo!
Ya no quiero más veleros,
¡que dé un canto el mar!

Tiene lo mejor de Alberti y de Lorca.

15

La madre te busca desde el futuro, entre las rosas primerizas de tus años

María José Coronado

M.ª José Coronado Luque (Benalmádena, Málaga, 1965) escribe poelaroids, canciones y cuentos de género fantástico para niñas y niños. Su trabajo está en deuda con la poeta norteamericana Mary Oliver y con la filósofa tinerfeña Mónica Cavallé. Sus «poelaroids», o poemas sobre la vida diaria, también se nutren de la música pop de todas las épocas y culturas.

En la actualidad forma parte de Huertos Filosóficos, colectivo malagueño de mujeres artistas por la educación de una mirada filosófica y estética, desde la infancia y en la adolescencia. Igualmente es parte del proyecto sobre innovación musical llamado Bepop, como continuación de su pasada trayectoria en Caradefuego, donde ha sido letrista y compositora.

TODAS LAS TALLAS DUERMEN EN EL ARMARIO

La madre te busca desde el futuro,
entre las rosas primerizas de tus años.
En un armario
todas las tallas duermen.

Entrada a la pirámide secreta
por la caja del patinete.
El salón se ha achicado,
la madre sigue decreciendo como Alicia.

Te quedas en tu reinado dinástico
con el transportador de ángulos,
con los lápices de puntas a dos colores
Made in Egipto.

La madre te busca desde el futuro,
entre las rosas primerizas de tus años.
Y todas duermen, las tallas, en las perchas.

Las momias bajan por la chimenea,
no sales de la habitación.
Hizo frío, dijiste con pena.

La madre te busca en el futuro,
entre las rosas primerizas de tus años.
Y las tallas, todas las tallas,
están en el armario.

Ahora avanzas entre mares de hierba
sobre un velero de papel Albal.
La cocina es el varadero,
el fregadero, la orilla de un mar
para la flota de los ratones TNT
(tú ya sabes de qué te hablo).

Por tus manos asidas se deslizan
los pañuelos de tía Pilar,
un fular francés del bisabuelo,
la cuerda de esparto,
la liana de la alberca,
la cintura de Barbapapá
y tu primer amigo.

¡Oh!, Tarzán de revolucionada imaginación,
entre chispas crepitan tus naves

en la leña del planeta entusiasmo.
Antes, años atrás,
calor azul junto a la cuna.

Ella te busca desde el futuro
entre las rosas primerizas de tus años.
Y todas las tallas duermen.

Sin deseos de que amaine el vendaval
de la tierra de tu juego,
aunque se viva
en las corrientes de frío,
en el humo,
en las manos sin lavar,
en la comida sin hacer,
en la ropa húmeda que no seca.

La madre te busca en el futuro,
entre las rosas primerizas de tus años.
En el armario duermen todas las tallas.

Comentario de la autora

Me pregunto por qué guardan las madres prendas de sus hijos de años pasados. Un babero, una camiseta de The Ramones o unos calcetines diminutos.

Me cuentan ellas que los armarios aletean sus puertas como palomas mensajeras, para que las madres salten dentro de sus panzas textiles y sean llevadas a un mundo mágico llamado «Todos los Años».

Así, a través del álbum de prendas, la inocencia infantil resucita en todas sus versiones, afianzando en la humanidad lo que es verdad realmente.

¿Por esto la madre quiere conservar todas las tallas en el armario?

Quizás las madres se apropian de todas las edades con sus estaciones para que convivan paralelas en el presente. Así pretenden ellas derrocar al pasado y al futuro.

Las madres desean que el hijo o la hija crezca sin que pierda los primeros años. Que todo lo vivido sume, permanezca.

¿Desterrarán el pasado y el futuro con una simple caligrafía de tallas?

María José Coronado

Comentario del editor: ¿por qué está este poema en la antología?

Que un hijo vuele del nido es algo que emociona y a la vez apena. María José capta perfectamente esas sensaciones en este poema.

La madre imagina lo que sería todo si el hijo no se hubiera ido, si todas las tallas de su ropa siguieran pasando por el armario, si el salón no se hubiera achicado a pesar de albergar ahora una persona menos. Aunque no tiene «deseos de que amaine el vendaval», que se entiende que es el fragor de la vida, se imagina cómo sería seguir cuidando a un hijo.

De una manera muy simbólica y entrañable y con la obsesiva mención a las tallas del armario, el poema transmite con acierto el sentimiento de una madre que no quiere dejar que la infancia de su hijo tuviera un final.

Madre y fotones

El hijo está siendo tejido.
Tapiz color cielo y punto de cruz.

Ella recuerda momentos
en la higuera.

Ella rocía todo
con planetas habitados
por animales fantásticos.

Mira serena, abrazando
se acerca a su mejilla.

Unidas sus miradas
ahora están rodando
Like a rolling stone,
hacia un árbol de Navidad,
hacia el ave del paraíso,
hacia los nutrientes del brécol,
hacia el cocodrilo-come verduras,

María José Coronado

hacia la sopa alemana de calabaza,
hacia las noches estrelladas de verano,
hacia las canciones del columpio,
hacia los poemas al despertar.

Mientras,
ella está aterida de frío.
Pero el niño baja su mirada
al cobijo de ramas,
sus brazos.
Inmóvil en la lluvia
de fotones maternales.

Ella se anuda a él.
Escapan del tiempo.

Comentario de la autora

¿Por qué está la madre aterida de frío? Me pregunto si le faltará confianza en la vida. En ese caso, le comentaré que recuerde su poder para crear ligereza desde los primeros días del nacimiento, que se calme y mire de frente, para que queden cortadas y caigan al mar las anclas del miedo.

Se merecen bastante más, porque ellas, las madres, saben dejar fuera de juego la indiferencia. Aunque, a veces, el lápiz se les queda sin punta, y boceten a carboncillo algunas páginas de la vida diaria, con sombras de más. Aunque esto solo ocurre por razones ajenas a la organización, por agotamiento extremo o por una canción triste de Serrat («Qué va a ser de ti lejos de casa…»).

En esos momentos de soledad, recuerda que, durante las noches en vela, puedes recolectar fotones de luz en las estrellas.

Comentario del editor: ¿por qué está este poema en la antología?

En este otro poema de maternidad, no sabemos si se hace referencia a un momento de la infancia o al momento ya de la despedida. El caso es que la madre no quiere que su hijo, al crecer o al alejarse espacial-

María José Coronado

mente, se vaya también de ella, y recuerda, y lo que no recuerda lo reinventa, y, como en el poema anterior, se agarra a cosas muy concretas de lo vivido (incluso las menos divertidas, como la sopa de calabaza, todo vale) para tener pruebas de que el tiempo pasado existió.

El miedo que se palpa en este poema se resuelve con una hermosa lluvia de fotones, con la que la madre quiere cubrir de luz a su hijo y anudarse a él aunque ya no estén físicamente cerca.

16

Con estos números puedo confirmar que todo cálculo es inexacto

ISMAEL RODRÍGUEZ LARA

Ismael Rodríguez Lara (Málaga, 1982) es doctor europeo en Economía Cuantitativa por la Universidad de Alicante y trabaja actualmente como catedrático de Economía en el departamento de Teoría e Historia Económica de la Universidad de Málaga. Considerado uno de los mejores economistas (top 20 %) a nivel mundial por su producción científica, en lo que se refiere a su producción literaria, ha acabado recientemente una novela —*Lo peor del pasado*— y un poemario —*Pasajeros*, que aparecerá en la editorial Loto Azul del grupo Olé Libros—, dentro del Taller de Mundos Posibles. También colaboró con su hermana Esther Lara en el guion del cortometraje *El cuarto chakra* (2015), que resultó ganador del premio del público en el Festival de Cine de Málaga.

Pi

Científicos suizos calculan que pi tiene 62.8 billones de
[decimales.
Los matemáticos emplean entre diez y quince en sus
[cálculos.
Yo aprendí los cinco primeros durante el Bachillerato.
Tres coma catorce, quince, nueve.
Con estos números puedo confirmar que todo cálculo
[es inexacto:
La integral de Gauss,
el sistema de Posicionamiento Global,
las ecuaciones fundamentales de la Física,
el universo que delimita
tus movimientos en la cama,
Y estos versos,
y el modo en que los recito,
con esta voz
imprecisa e infinitesimal,
3,14159…
con esta voz que suma decimales
26…53…58…

al ritmo indolente
con el que yo persigo historias
97…93…23...84…6…
Y los billones de números que vendrán detrás
hasta construir un mundo tan irracional
como el hecho de que yo esté.
Aquí. Hoy. Ahora.

Comentario del autor

Es común hablar de la imprecisión del lenguaje, y considerar que las matemáticas son una ciencia exacta. Sin embargo, muchos cálculos matemáticos se realizan a partir del redondeo del número pi, por lo que todos estos cálculos son, por definición, imprecisos. El ser humano comparte también la irracionalidad con las matemáticas. El número pi es irracional porque no se puede expresar como cociente de dos números enteros. La investigación en psicología pone de relieve la existencia de numerosos sesgos cognitivos que hacen al ser humano irracional en su toma de decisiones. Pero si hay algo que comparten, por encima de todo, las matemáticas y los seres humanos es la casualidad de su existencia. Y al final es una relación bonita porque el ser humano surgió (como el mundo) de una casualidad que los científicos tratan de explicar con fórmulas.

Comentario del editor: ¿por qué está este poema en la antología?

Ya había cerrado la búsqueda de poemas para esta antología cuando recibí estos de Ismael. No pude resistirme a aceptarlos como ultimísima incorporación.

En este primero —en el que, según me dice Ismael, reconoce cierta atracción por la poesía de Agustín Fernández-Mallo— vemos una interrelación de ciencia y poesía para asociar la irracionalidad de los números con la de la existencia o la ineluctable imprecisión de los versos con la del número pi, todos los cuales necesitan alargarse para poder acercarse a expresar lo deseado. Si hasta los cálculos matemáticos son inexactos, ¿cómo no lo va a ser este cálculo a mano alzada que las palabras hacen con nuestros sentimientos? Como escribió León Felipe, «el que escriba un poema, que no olvide que se han visto ya pájaros / que se le escapan de la jaula al matemático».

Pero no siempre la imposibilidad de cálculo es negativa. El hecho de que los movimientos de la persona amada en la cama no se puedan calcular sugiere de forma brillante que el amor y sus consecuencias son impredecibles y hace que estar «Aquí. Hoy. Ahora» sea algo maravilloso pese a no poder explicarse.

Ismael Rodríguez Lara

Pasajeros

Viajo sin maletas para ver mejor el ruido del mundo.
En el control de seguridad del aeropuerto alguien ha
                              [olvidado su portátil.
Una mujer se queja mientras limpian los baños. Llora
                                        [un bebé.
El avión a Londres-Gatwick saldrá con retraso.
Han cambiado la puerta de embarque de mi vuelo a
                              [Barcelona.
Cuando aterrizo, el taxista me habla de cosas que no
                                  [me interesan.
Todo está limpio y ordenado en el apartamento de
                                    [Airbnb.
Se han esforzado para que deje una buena reseña.
Hay un calendario con sus meses y sus días sin tachar,
un código wifi que deberían tener todos los vecinos del
                                    [bloque, y
un mapa con recomendaciones que no voy a seguir.
El anfitrión ha olvidado lo más importante:
No están mis libros, ni mis cuadros.
No hay ropa amontonada a los pies de la cama.

Todo está (perfectamente) dispuesto.
Todo está (perfectamente) muerto.
Quiero vivir en la exosfera de este mundo aséptico.
Rozar el universo surgido del caos.
Todos lo ignoran, pero a Dios (si existiese)
le avergonzaría este orden.
No hay vida en el equilibrio,
ni hay poemas en la quietud.

ISMAEL RODRÍGUEZ LARA

Comentario del autor

Habitamos un mundo que pierde su identidad. Viajamos a lugares cada vez más recónditos, que nos parecen cada vez más iguales. Para no sentirnos del todo turistas, nos alojamos en apartamentos en lugar de visitar hoteles. Creemos que así estaremos en casa. Pero cuando habitamos un lugar que no es nuestro todo nos resulta demasiado superficial, demasiado limpio. Para vivir, es necesario el caos. Necesitamos que nos sucedan cosas, que haya desorden en nuestra vida. Solo así podremos escribir poemas.

Como dato curioso: el germen de este poema está en una cena con amigos. Cuando llegamos a su casa lo vimos todo tan limpio y ordenado que nos sorprendió creer que allí pudiese haber vida.

Comentario del editor: ¿por qué está este poema en la antología?

En este segundo poema, Ismael empieza describiendo de forma bastante aséptica lo que cualquiera se podría encontrar en un viaje, «el ruido del mundo». Con eso consigue que destaque más la segunda parte, en la que empieza a identificar el problema que tiene eso: el exceso de orden, la normalidad, no dejan espacio para la vida; todo lo perfectamente dispuesto está perfectamente muerto. Si el universo surgió del caos, no es natural organizarlo todo, es eliminar la poesía de la vida. Viajar sin maletas, como hace Ismael en sus poemas, te permite verlo.

ISMAEL RODRÍGUEZ LARA

COSAS QUE PASAN

Y pasó que me fui a vivir en otro idioma,
que dejé de visitar los lugares equivocados,
que no era un duelo la falta de mensajes.
Y pasó también que llené de trabajo tu ausencia,
que gané peso, que mis amigos volvieron a
reconocerme en los chistes, que mi perro movía
la cola cuando le lanzaba la piedra, que no era gris
la sonrisa de la cajera en el supermercado.
Y así, convencido de que no te necesitaba,
pasó que dejaste de aparecerte en todos los semáforos,
en todas las canciones, en las horas de sueño robadas a
                                                    [la noche.
Y de repente pasó que llegó una tarde,
y en esa tarde llegaste tú.
Y pasó que no había pasado nada de lo que yo creía que
                                              [había pasado,
y entonces pasó que me diste la mano
y volvimos al lugar equivocado,
y pasó que decidí perdonarte
para poder engañarme una vez más.

COMENTARIO DEL AUTOR

Mucha gente permanece en nuestra cabeza por más que queramos olvidarla. La rutina nos ayuda a sobrellevar su ausencia, pero basta que esa persona reaparezca para que nos engañemos una vez más y le demos una nueva oportunidad. Siempre que me planteo la idea de dejar marchar a una persona, se produce a nivel interno un debate entre culpa y deseo. Quiero cerrar la puerta para siempre y, al mismo tiempo, quiero que vuelva. Le doy la espalda para no verla, pero entreabro los ojos para que su sombra me sorprenda... Imagino que son cosas que nos pasan a todos...

COMENTARIO DEL EDITOR: ¿POR QUÉ ESTÁ ESTE POEMA EN LA ANTOLOGÍA?

En este tercer poema, Ismael nos muestra la superación y recaída de una relación de forma muy emotiva, a la vez que autocrítica. No son del todo originales ni el tema ni la ejecución, pero hay versos que merecen mucho la pena.

Se describe muy bien todo lo que uno consigue cuando supera una ruptura: empieza a caerse mejor a sí mismo, a verlo todo menos gris, las cosas dejan de rememorarle forzadamente a la otra persona (lo de los semáforos me recuerda al «Has llenado los semáforos de sangre» de Paco Bello)…

Pero, aunque se hayan superado los recuerdos, puede no haberse superado la realidad y, cuando vuelve a aparecer esa persona, se recae. Lo expresa muy bien Niña Polaca en *Te vi en el concierto* —«Te vi en el concierto y pasó / lo que siempre temí, / que no me había olvidado de ti»— y no se queda corto Ismael en los últimos versos de este poema, en los que muestra la vieja, pero siempre emocionante, situación en la que se vuelve con la persona a pesar de saber que no se debería (a pesar de saber que es el único camino que seguro que no conduce al amor verdadero, como digo yo en un poema).

17

Y otros cuentos…

FRANCISCO PADILLA CHACÓN Y
JOSÉ FERNÁNDEZ DEL CACHO

Desde su infancia, **Francisco Padilla Chacón** (Mérida, 1963) soñó con escribir, aunque hubo de posponer ese impulso en favor de proyectos «más razonables». Directivo en multinacionales; padre de dos hijas; cinéfilo, viajero, melómano y, sobre todo, curioso siempre dispuesto a dejarse sorprender. *Tres Sures sin Norte* (2020) fue su primera novela y *Diva Æterna* (2023) la segunda. También escribe relatos cortos, como «La prestamista de embustes», ganador del XXXIV Certamen literario Joaquín Lobato, y «Maneki-neko», finalista del V Premio Ciudad de Sevilla, que publica regularmente en su blog *Dame tiempo y te cuento*, junto con poemas y reflexiones sobre cuestiones ajenas a la vorágine.

ECHAR DE MENOS

¿Tienes que morir para que viva?
Y cuando ocurra, cuando tu sombra no enturbie mi
[vigilia,
despertará tu aroma y escucharé tus risas.
Y olvidaré los ruidos, y evocaré palabras que, aun
sueltas, sonarán como eternas despedidas.
Entonces, correré a buscarte,
y auscultaré tus pasos por esquinas de ambos conocidas.
Y moriré, mirándote sin verte.
Sentiré mis latidos, cómo emparejan con tu ausencia,
cómo su estúpida armonía dará, ya sí,
sentido a nuestra ansiada bienvenida.
De verdad, ¿tienes que morir para que viva?

COMENTARIO DEL EDITOR: ¿POR QUÉ ESTÁ ESTE TEXTO EN LA ANTOLOGÍA?

Francisco Padilla llama microrrelatos a escritos como este que tiene publicados en su blog personal. Yo diría que esto es todo un poema.

La pregunta inicial y final parece dirigida a la persona a la que se amó, cuyo recuerdo tiene que desaparecer o morir finalmente para poder seguir viviendo. Aunque se asume que puede ocurrir, se sabe que los pequeños ecos inconexos que necesariamente queden volverán a tener forma y sentido y harán que la búsqueda vuelva a empezar, ahora con más desesperación, lo que llevará a la muerte. Y así, ausencia y muerte podrán ir de la mano.

Recupera este escrito de forma muy acertada la idea clásica de que la ausencia de amor lleva irremisiblemente a la muerte espiritual: qué más da que mueras para que viva si moriré igualmente de saberte muerta.

Por si os quedáis con ganas de leer algo más de Francisco, aquí tenéis otro microrrelato, este en prosa, pero con no menor carga poética:

Me viene grande

Siempre me vino grande. Nunca estuve preparado. Todo ocurría antes de tiempo, como un descuido, sin opciones de implorar una tregua ni de arañar un consejo.

En el trabajo, siempre novato; envidiando el aplomo de cualquier recién llegado. Así transité, grisáceo, hasta que alguien, no yo, me jubiló.

Del corazón, qué decir; me casé viejo con la primera que aplacó los temblores por un amor platónico al que jamás osé acercarme.

Y ahora, sesenta inviernos ya, aguardo aquí sentado mientras el médico pronuncia su veredicto. ¿Cuánto? Seis meses, máximo un año. ¿Qué le digo? Un avergonzado «Gracias», como pidiendo perdón por desahuciarme.

Siempre me vino grande. La vida, quiero decir.

José Fernández del Cacho (Peñarroya-Pueblonuevo, Córdoba, 1958) es «licenciado en sueños y diplomado en sonrisas y llanto por la Universidad del Corazón».

Dale a tu cuerpo alegría, Macarena

La mayoría de las personas aman a la humanidad, al hombre en abstracto, pero no pueden soportar a quien vive al lado.

Hay hombres y mujeres «telefónicos» que, orgullosos de su móvil, hablan y hablan, bla, bla, bla, pero sería —digo yo— mucho mejor hablar, sobre todo, con los que viven en tu casa, con los más cercanos.

Amar en realidad y no de película, y hacer una película de tu realidad. Vivir hoy apasionadamente y decir «te quiero» más veces.

[…]

Muestra amor a los de casa, vete al campo, al cine, dales una sorpresa, diles que les quieres. Manda una flor con cariño y dale un beso de amor a quien amas.

Vive hoy el amor, no lo dejes para mañana.

Una de las muchas cosas buenas que tiene la poesía es que te reconcilia con lo cercano, con lo que tienes alrededor. Aunque parezca extraño, es a veces más difícil amar a los que tenemos más cerca. Esta reflexión del padre Cacho, recogida en sus *Miguitas de ternura*, lo recuerda y llama abiertamente y sin miramientos a hacer un esfuerzo por mostrar amor a los de casa.

La llave de la prisión

El preso número 9 lleva tiempo encerrado en la cárcel cuando aparece un ángel, le da la llave de la prisión y le dice que la use para salir fuera y liberarse.

El recluso queda fuera de sí, anonadado por la emoción, y apenas puede articular palabra; cuando desaparece su visión, cuelga la llave en la pared, le reza todos los días, ofrece incienso y se postra ante ella. Pero sigue en la cárcel.

Pasa el tiempo y desilusionado por el fracaso pierde la fe en la llave, en la religión y continúa, apesadumbrado, día a día en el calabozo.

Un día un compañero escucha su historia y le abre los ojos. Le explica el funcionamiento de la llave, cómo hay que introducirla en el agujero que tiene la puerta, darle la vuelta a la derecha, empujar la puerta y salir. El recluso escucha, lo intenta, lo consigue y queda libre.

Comentario del editor: ¿por qué está este texto en la antología?

Cuántas veces nos quejamos porque no se nos concede lo que pedimos sin darnos cuenta de que ya tenemos en nuestra mano las herramientas necesarias para conseguirlo. La verdadera poesía es la que nos ayuda a detectar esas herramientas, la que nos da la llave para dejar de ser los prisioneros que todos somos. Pero hay que utilizarla bien.

Comentario del editor: ¿por qué está el texto que sigue en la antología?

Para rematar la antología, he elegido otra de las *Miguitas de ternura* del padre Cacho. Como creo que mi comentario posterior no haría más que estropear el relato, esta vez lo he incluido antes y así dejo que os quedéis con el sabor final de esas bellas palabras. Es una historia de las que devuelven los motivos para tener esperanza en la humanidad y de las que nos demuestran que también puede haber mucha poesía en la prosa e incluso en una comunidad de vecinos. Quizá la poesía sirva para compensar que el mundo no sea siempre como lo que describe este relato —o, dicho más rudamente en palabras de Aldo Pellegrini (1903-1973), para «cumplir la tarea de que este mundo no sea solo habitable para los imbéciles»—:

Aún queda gente buena

Doña Paquita era una anciana viuda, risueña, muy buena gente, que vivía en el quinto G del bloque alto del barrio. Mientras los vecinos comentaban los problemas de la vida, ella siempre les escuchaba y sonreía. Hasta que un día, ella, que iba justita todos los meses, perdió un billete de cincuenta euros.

Estaba segura de que lo había perdido en el ascensor, pues allí había sacado la cartera. Aunque con pocas esperanzas, puso una nota en el tablón de la portería, y además encomendó el asunto a san Antonio, a san Gabriel y a santa Gema, de la que era muy devota, no en vano iba todos los 14 de cada mes a su santuario madrileño.

Pronto la visitó el señor del tercero derecha:

—Doña Julia, acabo de encontrar su billete.

Doña Julia se echó a llorar, mientras le decía:

—Resulta que también lo encontró el señor de al lado, y la joven del primero, y el matrimonio del cuarto izquierda, y la vecina del segundo derecha... Pero, antes que ustedes lo encontraran, yo lo había olvidado en el bolsillo del abrigo.

Todas las erratas de este libro
han sido colocadas estratégicamente.